La filosofia del tempo di Nietzsche occupa un ruolo fondamentale per la comprensione dell'autenticità del suo messaggio filosofico.

La concezione dell'eterno ritorno rappresenta, infatti, la svolta conclusiva della questione del nichilismo presentato da Nietzsche con la morte di Dio come condizione originaria della vita umana.

Attraverso l'interpretazione zarathustriana del tempo come eterno ritorno dell'uguale a partire dalla prospettiva dell'attimo della decisione, Nietzsche propone la propria via per la riscoperta di un senso autentico dell'esistenza che redima l'uomo dal pericolo della propria morte interiore. Riconosciuta la vanità di ogni soluzione concettuale al fine della comprensione del mistero della vita, Nietzsche riscopre nella religione l'unica possibilità di salvezza per l'uomo. Una religione che comprende in sé allo stesso tempo la ricchezza dei temi che attraversano l'intero iter speculativo nietzscheano: la vita, la volontà di potenza, il superuomo, il tempo in tale prospettiva si intrecciano e vengono a costituire un unico tutto eterno. La scoperta dell'eternità diviene l'assoluta garanzia di un senso a lungo cercato, a lungo tradito dall'egocentrismo del pensiero mai veramente consapevole di sé. Tuttavia nel caso di Nietzsche non si tratta di una religione positiva di carattere metafisico tradizionale, bensì di una religione del nichilismo, una religione filosofica che non si perde nei fumi di un vago misticismo, ma possiede una chiara struttura speculativa.

Nietzsche non abbandona la propria vocazione filosofica in direzione di una cieca fede in una verità assoluta, ma la sua visione religiosa dell'esistenza e dell'uomo rappresenta l'inveramento della sua prospettiva filosofica, ciò che le attribuisce autenticamente il sigillo del senso. Tale visione religiosa del nichilismo rappresenta dunque l'esito ultimo dello sforzo nietzscheano volto al recupero del senso della vita umana dopo la morte del cristianesimo e della concezione metafisica dell'Essere, un senso tuttavia oltre la metafisica stessa e la tradizionale visione dell'eternità, oltre la concezione tradizionale religiosa dell'Essere inteso come fondamento, un senso che si realizza nell'incontro paradossale tra libertà e necessità, universale e individuale nella prospettiva dell'evento, tra eternità e tempo nello spazio della decisione, tra cairós e cronos nel divenire dell'eternità.

# CAPITOLO PRIMO

## LA DECOSTRUZIONE NIETZCHEANA DELLA

## "MENZOGNA METAFISICA".

**§ 1. *La svolta illuminista nietzcheana: il filosofare storico come nuovo metodo d'indagine.***

Con l'intenzione di "difendere la vita contro il dolore e di spezzare tutte le deduzioni che sogliono crescere come funghi velenosi dal dolore, dalla delusione, dal tedio, dall'isolamento ed altro terreno paludoso"[1], Nietzsche inaugura la seconda fase della sua speculazione caratterizzata da un filosofare di tipo storico orientato verso un'analisi critico-psicologica delle motivazioni ultime che sono all'origine dello sviluppo culturale occidentale nelle forme della morale, della religione, della filosofia.

In questa fase del suo pensiero definita "illuminista", la metafisica d'artista lascia il posto alla nuova centralità che acquisterà la scienza nella filosofia nietzscheana a partire da "Umano, troppo umano".

In questo periodo Nietzsche elabora un concetto di scienza come ideale metodico che si pone come condizione fondamentale di quella filosofia intesa come "chimica delle idee e dei sentimenti" che ha per scopo una decostruzione (e non una distruzione) della morale e della cultura tradizionale. Nietzsche rivaluta ora il ruolo della scienza rispetto all'arte, identificandone le possibilità di maggiore efficacia e obiettività al fine di garantire un atteggiamento psicologico nei confronti della vita più maturo e consapevole. Ma la maggior obiettività del metodo scientifico non consiste nella maggiore capacità di approdare ad una verità oggettiva, bensì nella sua possibilità di permettere all'uomo di distaccarsi per un attimo dal corso della storia, di estraniarsi, ma solo temporaneamente, da se stesso per osservare il processo di come si sia venuto a costituire il mondo come interpretazione. A questa prospettiva di momentanea astrazione e oggettivazione del soggetto risulta certo più funzionale il metodo scientifico razionale rispetto alla rappresentazione simbolica e fantastica dell'arte fondata sullo stimolo degli impulsi e degli istinti umani. L'arte appare, con la sua trasfigurazione simbolica della realtà e la sua carica fortemente emotiva, legata ad un'epoca primitiva, immatura in cui l'umanità era ancora dominata dagli istinti. Ora lo "spirito libero" si identifica con colui che, spogliandosi per un attimo della propria soggettività, ricostruisce la storia del mondo come interpretazione, scomponendo ogni sistema di credenze nei suoi elementi semplici e risalendo così alle cause. La storicità del filosofare nietzscheano risiede in questo carattere "genealogico" che essa viene ad acquistare e il cui obiettivo è, come già detto, decostruire la morale, la religione, in definitiva ogni sistema di finzioni, ogni menzogna che è stata poi tramutata in certezza, al fine di suscitare nell'individuo una presa di coscienza della propria storia come vicenda di errori, di interpretazioni nelle quali tuttavia risiede la bellezza e la ricchezza della vita. Dunque Nietzsche educa ad un atteggiamento che non disprezzi, né giustifichi il passato, ma lo accetti e lo interpreti nella sua "bontà" di fondo. La nuova figura del filosofo scienziato, tuttavia, rappresenta il compimento della figura del filosofo artista. L'arte, infatti, è considerata come stimolo, preparazione alla scienza; da essa proviene l'impulso alla verità. Essa è, dunque, il momento iniziale di quell'appassionata ed eroica ricerca del vero che anima l'uomo e contribuisce a mantenere viva nello "spirito libero" quella consapevolezza, allo stesso tempo malinconica e serena dell'illusorietà e dell'apparenza di ogni conquista umana.

L'arte, dunque, viene reinterpretata nei termini di critica della cultura, nel suo ruolo demistificatorio di ogni presunzione culturale. In questa nuova visione dell'arte sfuma l'illusione di un ritorno alla cultura tragica attraverso il dramma musicale wagneriano in cui Nietzsche aveva tanto sperato per una rinascita del mito antico[2].

**§ 2.** *La decostruzione nietzscheana della morale e della religione in quanto aspetti fondamentali della concezione metafisica dell'Essere.*

I principali bersagli dell'opera decostruttiva nietzscheana sono la morale (nella sua formulazione cristiana) e la religione. Nietzsche insiste sul concetto di inconsistenza della morale, la quale deriva il suo carattere apparentemente incondizionato da un'esigenza utilitaristica che, col tempo e in mutate condizioni storiche, si è estinta nell'oblio. Tale esigenza si fonda sul principio di conservazione e sulla ricerca del piacere. L'uomo, per sottrarsi ad un'epoca di violenza, all'irrazionalità degli eventi che sfuggono al suo controllo e per liberarsi dal dolore e dall'insicurezza, costruisce dei parametri di giudizio che definisce morali, grazie ai quali può difendere e giustificare la propria debolezza. La morale, quindi, nasce quando l'utile sociale (che in definitiva viene ad identificarsi con l'interesse di una determinata categoria di persone) si impone sull'interesse individuale, confinando quest'ultimo nella sfera dell'immoralità e dell'egoismo. La morale cristiana ha origine dall'odio e dal desiderio di vendetta della casta sacerdotale contro quella aristocratico-cavalleresca.

Rispetto ai valori forti, vitali dei "signori" che esaltavano il vigore corporeo, lo spirito avventuroso, attività quali la guerra, la caccia e tutto ciò che rappresentava una sfida al loro desiderio eccellere e di cimentarsi in prove difficili, il "popolo sacerdotale", che Nietzsche identifica con gli Ebrei, compie una trasvalutazione attraverso cui esso si riscatta dalla propria condizione di inferiorità nei confronti del tipo umano allora dominante.

Nella "Genealogia della morale" Nietzsche presenta il popolo ebraico come "quel popolo sacerdotale che ha saputo infine prendersi soddisfazione dei propri nemici e dominatori unicamente attraverso una radicale trasvalutazione dei loro valori, dunque, attraverso un atto improntato alla più spirituale vendetta"[3].

"Con gli ebrei ha inizio la rivolta degli schiavi nella morale"[4] attraverso la quale un nuovo sistema di valori viene imposto, una nuova morale, che Nietzsche definisce "degli schiavi", viene istituita. In essa l'"istinto del gregge" prevale sull'inclinazione individuale all'affermazione di sé, dalla distinzione di sé della massa.

"La morale degli schiavi ha bisogno per la sua nascita sempre e in primo luogo di un mondo opposto ed esteriore, ha bisogno, per esprimerci in termini psicologici, di stimoli esterni per potere in generale agire - la sua azione è fondamentalmente una reazione. Si ha il contrario nel caso di una maniera aristocratica di valutazione: questa agisce e cresce spontaneamente, cerca il suo opposto soltanto per dire sì a se stessa con ancora maggiore gratitudine e gioia"[5].

La "morale degli schiavi" si rivela dunque come un atteggiamento profondamente negatore di ogni forma di creatività e spontaneità individuali.

Essa rappresenta l'appiattimento, l'uniformazione dell'esistenza ad un unico modello di comportamento innaturale, rigido, unilaterale.

Riconoscendo l'origine della morale cristiana nel risentimento e nel desiderio di vendetta contro la vita, Nietzsche afferma polemicamente l'intrinseca malvagità di un tale atteggiamento nichilista e denigratore nei confronti della vita stessa. Nello scritto "La Genealogia della morale" Nietzsche riprende la critica ai principi fondamentali della morale, iniziata con "Umano, troppo umano", ora intesa specificamente nella sua formulazione cristiana. Rispetto allo scritto precedente si assiste in quest'opera, alla radicalizzazione dell'atteggiamento critico nei confronti della morale stessa.

Qui l'indagine metodica, il tono distaccato e freddo con cui Nietzsche aveva trattato lo stesso tema in "Umano, troppo umano" si converte nell'accesa invettiva, nell'appassionata polemica con cui egli profetizza il superamento della morale cristiana per mezzo di se stessa, in quanto essa "ha ormai fatto il suo tempo, ha la coscienza contro di sé, è per tutte le coscienze sensibili qualcosa di sconveniente, di disonesto, una menzogna, roba da donnicciole, debolezza, viltà ... Tutte le cose grandi periscono ad opera di sé stesse, per un atto di autosoppressione: così vuole la legge della vita, la legge del necessario "autosuperamento" nell'essenza della vita ... In tal modo il cristianesimo come dogma è crollato per la sua stessa morale; in tal modo anche il cristianesimo come morale deve ancora crollare - noi siamo alla soglia di questo avvenimento"[6].

Con uguale vigore polemico Nietzsche si scaglia contro il concetto di un dio personale, fondamento dell'ontologia cristiana, il quale, secondo la prospettiva nietzscheana, non è, in ultima analisi, altro che un espediente teorico escogitato dal popolo d'Israele come suggello metafisico, garanzia della verità e della legittimità del nuovo sistema di valori imposto.

Attraverso "quello spaventoso paradosso di un "Dio in croce" ... Israele è tornata sempre a far trionfare sino ad oggi su tutti gli altri ideali, su tutti gli ideali più nobili, la sua vendetta e la sua trasvalutazione di tutti i valori"[7]. Nietzsche combatte Dio non in quanto principio religioso, bensì in quanto fondamento dell'interpretazione morale-metafisica dell'essere. Nietzsche vuole combattere questo dio: il Dio dei teologi, Dio come concetto logico e valore supremo, criterio di valutazione assoluto della vita. "Dio significa dunque per Nietzsche anzitutto non una forza religiosa, ma un determinata ontologia che si formula anche come una determinata morale nemica della vita"[8].

Nietzsche vuole demolire l'idea di Dio come sommo bene e di conseguenza scardinare l'interpretazione metafisica dell'essere fondata su una gerarchizzazione dei gradi dell'essere secondo concetti morali quali le idee di bene, buono, vero. Questa equazione: valore morale = essere, questa corrispondenza tra morale e ontologia diviene il bersaglio principale della polemica nietzscheana.

L'interpretazione morale dell'essere, secondo il punto di vista nietzscheano avvilisce e mortifica la spontaneità e la vitalità degli istinti che rappresentano la base naturale della vita, ciò che di essa è più originario. Di fronte all'unilateralità e rigidità della concezione tradizionale dell'essere, Nietzsche riafferma la straordinaria bellezza della vita nella sua ricchezza e molteplicità di prospettive.

Dinanzi alla scissione del mondo in base a criteri di giudizio umani da cui ha origine la distinzione tradizionale tra un mondo trascendente, altro rispetto a questo mondo, dotato di caratteri quali la stabilità, l'unicità, l'immutabilità, la verità e un mondo apparente transeunte, contingente, privo di senso, Nietzsche opera un rovesciamento di prospettiva per cui "le caratteristiche che si sono attribuite all'"essere vero" delle cose sono le caratteristiche del non-essere, del nulla - si è costruito il "mondo vero" sulla base della sua contraddizione col mondo reale: è infatti un mondo apparente, in quanto è una mera illusione d'ottica morale"[9].

Nietzsche vuole fondare dunque la sua rivalutazione del mondo fenomenico, dell'aldiqua mostrandolo come l'unico vero. Si tratta del noto "platonismo rovesciato" nietzscheano di cui parla Heidegger nell'opera in due volumi a lui dedicata.

Nietzsche ridona dignità d'essere ai fenomeni, redimendoli dalla condanna morale che li relegava alla sfera del non-senso. A questo scopo egli sostiene l'assoluta invalutabilità della vita secondo valori umani. Nel "Crepuscolo degli idoli" afferma infatti che "si dovrebbe avere una posizione al di fuori della vita e d'altro canto conoscerla tanto bene come l'ha conosciuta quel tale o quei molti o tutti coloro che l'hanno vissuta, per potere toccare in generale il problema del valore della vita: motivi sufficienti questi, per comprendere che il problema è un problema per noi inaccessibile"[10]. Egli ribadisce cioè l'impossibilità che il tutto venga giudicato dalla parte, infatti "valori in sé non esistono, sono sempre per qualcuno; i valori corrispondono a valutazioni, non sono momenti intrinsechi delle cose" .

Nietzsche proclama dunque l'assoluta innocenza del tutto ed opera una sorta di disantropomorfizzazione dell'ente nella sua totalità, dichiarando, contro il concetto tradizionale della differenza ontologica, l'assoluta indifferenza del tutto. Egli capovolge, come abbiamo visto, la prospettiva tradizionale della differenza dei due mondi per giungere al suo annullamento definitivo restituendo al mondo nella sua totalità verità ontologica. Non esistono più adesso un mondo vero e un mondo apparente, ma esiste il mondo, la vita nella totalità delle sue molteplici manifestazioni. L'uno e il molteplice sono riconciliati nella prospettiva di un'unica realtà al di là della quale ogni credenza nell'esistenza reale di una forma trascendente di vita è sogno, pura illusione.

La "menzogna metafisica", intesa come orientamento di pensiero proprio delle teorie filosofiche occidentali, nasce allora, secondo Nietzsche, dal bisogno di rassicurazione di fronte al terrore della mancanza di punti di riferimento per la propria esistenza. Davanti alla propria condizione di spaesamento esistenziale, l'uomo reagisce convincendosi che esiste un principio unico che rende ragione della realtà nei suoi aspetti pur così molteplici e contraddittori. Dallo stesso profondo sentimento di incertezza e di solitudine nasce la fede in un dio personale solidale con le paure e il dolore umani. Di fronte ad ogni teoria antropomorfica dell'essere, Nietzsche reagisce affermando che "ciascuna di esse è nata dalla paura e dal bisogno e si è insinuata nell'esistenza fondandosi su errori della ragione"[11].

Il concetto di verità assoluta è frutto soltanto di una volontà di autoinganno. Esso è un espediente per esorcizzare la paura, lo spaesamento di fronte all'evento del nuovo. "Il "perché? " non deve tanto dare, se è possibile, la causa per se stessa, quanto piuttosto una determinata specie di causa - una causa acquietante, liberatrice, rasserenante. Il fatto che qualcosa di già noto, vissuto, inscritto nel ricordo, venga stabilito come causa, è la conseguenza prima di questo bisogno. Il nuovo, il non vissuto, l'estraneo viene escluso come causa"[12]

.

L'utilità per la vita di una spiegazione delle cause, non la sua verità, rappresenta il criterio su cui si basa l'interpretazione del suo valore. Nietzsche dice: "Quando parliamo di valori, parliamo sotto l'ispirazione, sotto l'ottica della vita: la vita stessa ci costringe a stabilire dei valori, la vita stessa valuta per nostro tramite, quando noi stabiliamo valori ... Ne consegue che anche quella contronatura della morale la quale concepisce Dio come concetto antitetico e condanna della vita, è soltanto un giudizio di valore espresso della vita"[13]. Ma da quale vita? Nietzsche risponde: "dalla vita declinante, infiacchita, stanca, condannata"[14]. Affaticato dal naturale agonismo vitale che regola i quotidiani rapporti interpersonali, l'uomo fugge, cerca una pace, un equilibrio stabile con se stesso e col mondo, che raggiunge attraverso un'"allucinazione del pensiero", nella costruzione di un immaginario mondo altro ideale, privo di contraddizioni. Narcotizzato dalla rasserenante logicità delle sue deduzioni puramente intellettuali, l'uomo metafisico perde ogni contatto con la realtà concreta, si aliena da essa. La sua vitalità si irrigidisce, la sua creatività si spegne ed egli resta imprigionato, soffocato da un esistenza unilaterale e innaturale che tuttavia lo consola, gli dà sicurezza. Egli converte il suo senso di impotenza nella convinzione di possedere egli solo la verità assoluta. La certezza delle sue illusioni è la misura della sua verità; ma le sue convinzioni nascono in realtà solo dalla reazione vendicativa nei confronti della vita, da un profondo senso di inadeguatezza verso la realtà, dall'indebolimento e dal pervertimento dell'istinto vitale. E' questo quello che Nietzsche definisce "istinto della decadenza", origine di un atteggiamento rinunciatario, stanco, rancoroso nei confronti della vita forte, ricca, virile. L'uomo metafisico non si rende conto del fatto che l'ideale in cui crede è nient'altro che il frutto della sua proiezione al di fuori di sé in una dimensione ritenuta illusoriamente oggettiva in sé, dei propri bisogni, delle proprie aspirazioni, dei propri desideri.

Dio, per Nietzsche, è una creazione dell'uomo stanco e dalla volontà malata che, incapace di autogovernarsi, di volere propri valori, di dare un senso proprio alla propria vita, di vivere creativamente, cerca di giustificare il proprio atteggiamento di rinuncia, il proprio bisogno di stabilità, di regolarità attraverso la creazione di un principio personale metafisico, alla cui volontà e alla cui legge egli si sottomette fedelmente, con assoluta devozione. Da tale bisogno di deresponsabilizzazione umano nasce la fede nel Dio cristiano il quale ha già deciso ciò che è assolutamente giusto e buono e la cui divina volontà si esprime nei precetti morali del Vangelo. All'uomo non resta dunque che obbedire alla parola del suo Dio per guadagnarsi il proprio posto nella vita eterna, per ottenere cioè la grazia e accedere alla beatitudine perpetua.

Dal terrore della morte e dal bisogno di giustificazione della propria rinuncia alla responsabilità a decidere da sé della propria esistenza, ha origine l'idea della vita eterna beata intesa come promessa di una definitiva redenzione dal nulla della morte e come premio alla fedeltà morale dell'uomo. E' una "malattia della volontà", dunque, l'origine della creazione umana di un dio personale che è " la divinità della decadence, mutilata delle sue virtù e dei suoi istinti virili ..., il Dio dei fisiologicamente regrediti, dei deboli. Essi non danno a se stessi il nome di deboli, ma quello di "buoni"[15]. Questo Dio è il garante dell'"ordinamento etico del mondo" in cui l'individuo perde la propria identità, schiacciato dalla morale, dal suo imperativo categorico che soffoca la libera creatività nell'obbedienza ad un rigido sistema di norme oggettivo.

L'"istinto del gregge" prevale sullo spirito creatore, l'uomo si sottomette a un ideale che non è altro che la proiezione all'esterno di sé dei propri bisogni e dei propri desideri più meschini. "Ogni specie di fede è, per se stessa, un'espressione di spersonalizzazione, di autoalienazione ... Se si considera quanto sia necessario ai più un elemento regolatore che dall'esterno li vincoli e li fissi, e come la costrizioni, in un senso più alto la schiavitù, sia l'unica e l'ultima condizione sotto la quale prosperi l'individuo più debole di volontà"[16].

Nozioni quali "peccato", "punizione", "pena" sono per Nietzsche invenzioni, espedienti escogitati dal tipo umano cristiano per eccellenza, che Nietzsche identifica nel "prete", per suscitare nell'uomo semplice, nella "massa" timore e senso di colpa e per educarlo alla docile sottomissione alla propria direzione, alla propria "volontà di potenza".

Il "prete", l'uomo della decadenza per eccellenza si riscatta dalla propria inferiorità nei confronti dei forti, dei coraggiosi, degli spiriti ricchi di vitalità, attraverso l'astuta invenzione della morale e la concezione escatologica della vita. La "legge", la "volontà di Dio", il "libro sacro", l'"ispirazione" - sono soltanto termini per indicare le condizioni sotto le quali il prete perviene alla potenza - questi concetti si trovano alla base di tutte le organizzazioni sacerdotali, di tutti gli aggregati di potere sacerdotali o filosofico-sacerdotali ... "La verità esiste": questo significa, dovunque venga pronunciato: il sacerdote mente ..."[17]

## § 3. *La figura di Paolo nella concezione nietzscheana del cristianesimo.*

Nietzsche presenta la figura di Paolo come il fondatore del cristianesimo, il falsificatore dell'autenticità del messaggio originario di Gesù, il primo teologo, l'inventore del concetto cristiano di Dio. Presentando la riflessione paolina come falsificatrice della parola di Gesù, Nietzsche mina alle fondamenta la dottrina escatologica cristiana e di conseguenza rende vani i concetti di "premio" e "castigo", di "peccato" e di "colpa". Paolo, per Nietzsche, è l'autore di una "metafisicizzazione" del messaggio di Gesù il quale non voleva far altro che comunicare, insegnare una nuova prassi di vita. Gesù non ha cioè mai parlato di una vita eterna dopo questa vita, di una redenzione in un mondo altro; egli morì "non per "redimere gli uomini", ma per indicare come si deve vivere.

La pratica della vita è ciò che egli ha lasciato in eredità agli uomini"[18]. Anche di fronte al proprio destino di condannato a morte, egli si è comportato coerentemente con la propria filosofia di vita ispirata da una rinuncia a stimoli esterni negativi, alla ricerca, attraverso l'amore e la pacificazione con il mondo esterno, col proprio nemico, della pace interiore, dell'armonia con se stessi. Questo infatti era il senso della "buona novella". Il "regno dei cieli", la beatitudine, dall'originario senso di "esperienza del cuore", stato interiore sono stati presentati da Paolo come promessa di una nuova esistenza proiettata al di là di questa vita. Il regno di Dio cioè viene inteso come "atto conclusivo, come promessa! Eppure il Vangelo era stato proprio l'esistenza, l'adempimento, la realtà di questo "regno""[19].

Non esiste dunque alcuna grazia divina, come vana e strumentale è la credenza in una futura resurrezione degli eletti. Vana è la "dottrina della resurrezione, con cui viene tolto di mezzo l'intero concetto di "beatitudine", l'intera e unica realtà del Vangelo - a vantaggio di uno stato successivo alla morte! ..."[20]. Paolo è dunque, secondo Nietzsche, l'autore originario di "quei concetti, di quelle dottrine e quei simboli con cui si tiranneggiarono masse, si formarono mandrie"[21]. Tutto ciò per affermare il suo istinto di potenza, per realizzare la "tirannide dei sacerdoti", la vendetta della vita debole e oppressa contro la vita sana, forte.

§ 4. *L'analisi decostruttiva del metodo logico-causale e del linguaggio come fondamento dell'ontologia filosofica cristiana: dell'origine del concetto di verità assoluta.*

All'analisi psicologica delle motivazioni per le quali nacque il cristianesimo come morale e religione, Nietzsche affianca una riflessione critica sul metodo conoscitivo proprio della dottrina cristiana in quanto ontologia filosofica.

La critica nietzscheana ai presupposti di tale dottrina parte dunque dall'analisi della natura, della vera essenza del tipo di procedimento speculativo di essa. Nietzsche riconosce nel ragionamento logico fondato sul concetto di causa-effetto, il principio di giustificazione della visione metafisica e cristiana dell'essere. Sempre seguendo il suo metodo d'indagine "decostruttivo", egli argomenta l'inesistenza di un criterio logico in sé, l'originarsi della logica dal suo opposto, dalla sfera cioè dell'irrazionale. Nietzsche parte da un'analisi dell'essenza del linguaggio (su cui il ragionamento logico si fonda) e ne rileva il carattere convenzionale, simbolico. Egli afferma cioè la non-corrispondenza dei simboli linguistici al alcuna verità oggettiva e relega la funzione del concetto nell'ambito dell'astratto, del generale a cui nessuna qualità essenziale concreta corrisponde. "Ogni concetto sorge con l'equiparazione di ciò che non è uguale"[22]. Dunque esso è frutto di un'operazione di astrazione, di generalizzazione in seguito alla quale l'oggetto della rappresentazione concettuale diviene una pura idea astratta, scevra di ogni riferimento ad alcunché di reale. "Noi crediamo di sapere qualcosa sulle cose stesse, quando parliamo di alberi, di colori, di neve e di fiori, eppure non possediamo nulla se non metafore delle cose che non corrispondono affatto alle essenze originarie"[23].

L'uomo si illude di poter render ragione di ciò che gli è ignoto attraverso il ragionamento logico, ma in realtà ciò che egli fa è semplicemente "una specie di conclusione dall'effetto alla causa" cioè "la presunta causa viene dedotta dall'effetto e rappresentata secondo l'effetto"[24]. Tale procedimento di derivazione della causa dall'effetto è per Nietzsche un meccanismo ancestrale, proprio del pensiero primitivo per il quale "la prima causa che si presentava alla mente per spiegare qualcosa che abbisognava di spiegazione, le bastava ed era ritenuta realtà"[25]. Secondo Nietzsche "nel sogno continua ad agire in noi quest'antichissima parte di umanità, poiché essa è la base sulla quale si sviluppò e ancora si sviluppa in ogni uomo la superiore ragione"[26].

Dunque il metodo logico su cui si basa la certezza delle conclusioni dell'approccio conoscitivo metafisico, risulta vanificato, inconsistente nella sua essenza e dunque falso. L'origine di ogni spiegazione logica della realtà, del non-conosciuto non è dunque il risultato dell'evoluzione di una facoltà conoscitiva autonoma, bensì risiede in un meccanismo psicologico di associazione istintivo primitivo.

"Che cos'è dunque la verità? ... Un mobile esercito di metafore, metonimie, antropomorfismi, in breve una somma di relazioni umane che sono state potenziate poeticamente e retoricamente, che sono state trasferite e abbellite, e che dopo un lungo uso sembrano a un popolo solide, economiche, vincolanti: le verità sono illusioni di cui si è dimenticati la natura illusoria ... Sinora noi non sappiamo onde derivi l'impulso verso la verità; sinora infatti abbiamo inteso parlare soltanto dell'obbligo imposto dalla società per la sua esistenza: essere veritieri, cioè servirsi delle metafore usuali. L'espressione morale di ciò è dunque la seguente: sinora abbiamo inteso parlare soltanto dell'obbligo di mentire secondo una salda convenzione, ossia di mentire come si conviene a una moltitudine in uno stile vincolante per tutti"[27].

Secondo Nietzsche il "sentimento della verità" nasce dalla non-consapevolezza dell'uomo della natura puramente convenzionale della verità stessa la cui vera origine è stata dimenticata. L'uomo eredita l'abitudine a pensare, a interpretare secondo certi schemi generalmente accettati i quali rappresentano per lui la garanzia della propria sicurezza. "Tutto ciò che distingue l'uomo dall'animale dipende da questa capacità di sminuire le metafore intuitive in schemi, cioè di risolvere un'immagine in un concetto"[28]. La creatività, l'immaginazione dell'individuo vengono ridotte a menzogna; il "mondo intuitivo" viene svalutato a vantaggio del mondo freddo, rigido, astratto dei concetti che si esprime nel rigore del metodo logico fondato sul principio di causalità e la cui consequenzialità e coerenza divengono la garanzia della legittimità delle verità concettuali astratte. Così nasce il concetto di verità, la consapevolezza della cui vera origine si è smarrita. Ci si dimentica che essa è il "residuo di una metafora intuitiva" originata dal "trasferimento artistico di uno stimolo nervoso in immagini"[29] e poi divenuta dominante in quanto maggiormente efficace al fine della conservazione di un modello di vita "sociale". "L'uomo d'azione lega la sua vita alla ragione e ai concetti razionali per non essere trascinato via dalla corrente e per non perdersi"[30]. Tuttavia il principio di causalità non è una legge intrinseca ai fenomeni, bensì una categoria dell'intelletto il quale procede ad un'opera di normalizzazione del non-noto, di ciò che non riesce a spiegare, trasferendo negli eventi categorie proprie quali la regolarità, la legalità.

L'accadere viene sottoposto ad un processo di omologazione al già accaduto; viene tolto ogni spazio all'imprevisto. Tutto ciò che accade è spiegabile e prevedibile attraverso il ragionamento logico-causale, tutto si realizza secondo leggi e principi già noti. Dall'illusione di poter comprendere l'essenza stessa dei fatti nasce la nozione di cosa in quanto sostanza stabile, ente fisso.

"Alla fine l'uomo ritrova nelle cose soltanto ciò che lui stesso ci ha introdotto"[31]. "Siamo stati noi a creare "la cosa", la "cosa identica", il soggetto, l'azione, la sostanza, la forma, dopo esserci per lunghissimo tempo esercitati a rendere uguali, a rendere grossolane e semplici le cose. Il mondo ci appare logico perché noi lo abbiamo logicizzato"[32].

La "fede nell'ente" ha origine nella stretta corrispondenza tra linguaggio e pensiero. Nietzsche dice infatti: "Noi crediamo alla ragione: ma questa è la filosofia dei grigi concetti. La sua lingua si fonda su ingenui pregiudizi ... Noi pensiamo unicamente nella forma del linguaggio - quindi crediamo all'"eterna verità" della "ragione" (ad esempio soggetto, predicato ecc. ...). Noi cessiamo di pensare, se vogliamo farlo senza la costrizione del linguaggio ... [quindi] il pensiero razionale è conforme a uno schema che non possiamo rigettare"[33].

La credenza nella sostanza e nell'unità della cosa è la conseguenza della fede nella coscienza come sostanza, fondamento unico, realtà ultima e autonoma. Essa viene reputata quale organo conoscitivo infallibile, senza comprendere che "ciò che diventa cosciente si colloca entro rapporti di causalità che ci sono interamente nascosti - la successione di pensieri, sentimenti, idee nella coscienza non ci dice nulla sul fatto che questa sia una successione causale: ma in apparenza è così, al grado più alto. Sopra questa nostra rappresentazione di spirito, ragione, logica ecc. ... (tutto ciò non esiste; sono sintesi e unità fittizie) : e abbiamo poi proiettato quella rappresentazione nelle cose, dietro le cose"[34].

Nietzsche più precisamente "non nega il fenomeno dell'ente isolato, ma soltanto il suo significato oggettivo; ciò che sembra una cosa, un qualcosa di isolato, è soltanto un'onda nel flusso della vita, un quanto e un nucleo di potenza legato al tempo, che però rappresenta soltanto una fase di movimento nel gioco del mondo"[35].

La coscienza non è il "puro occhio" sulla realtà, proiezione fedele del mondo esterno nella consapevolezza dell'uomo, ma essa è già rappresentazione, interpretazione, prospettiva. Il mondo non è altro che la nostra rappresentazione di esso.

Apprendendo la realtà esterna, l'uomo conosce solo se stesso, in quanto "le cose sono soltanto i limiti dell'uomo"[36].

Nietzsche mette in guardia dal "pericoloso, antico favoleggiamento concettuale che ha impiantato un "puro", senza volontà, senza dolore, atemporale soggetto della conoscenza ..."[37], da concetti contraddittori come ""pura ragione", "assoluta spiritualità", "conoscenza in sè" ... Esiste solo un vedere prospettico, soltanto un "conoscere" prospettico; e quanti più affetti lasciamo parlare sopra una determinata cosa; quanti più occhi, differenti occhi sappiamo impegnare in noi per questa stessa cosa, tanto più completo sarà il nostro "concetto" di essa, la nostra obiettività"[38].

Nietzsche afferma: "Le rappresentazioni, generate da un certo stato intimo, sono state erroneamente intese come causa del medesimo"[39]. Tutto ciò che si presenta alla coscienza dell'uomo è frutto di un'elaborazione soggettiva dei dati esterni, il prodotto di un complesso processo in cui interagiscono diversi fattori. La certezza, dunque, non ha origine nella verità; la verità di cui l'uomo metafisico si crede in possesso, in virtù della certezza logica che ne ha, non corrisponde, come egli crede, ad una realtà immutabile, stabile che viene appresa una volta per tutte, ma è un concetto da lui stesso prodotto e di cui egli diviene consapevole attraverso il medium della coscienza, risultato finale di un processo di azione e reazione tra l'uomo e il mondo esterno. La sensazione scaturente da questi "scambi", lo stato d'animo che ne emerge subisce un processo di razionalizzazione e viene identificata dall'intelletto come la causa dell'evento. Ciò che è effetto viene interpretato come causa. La coscienza viene erroneamente ritenuta il principio di coordinazione per il quale l'oggetto della conoscenza, la molteplicità e la complessità dei dati esterni si integrano in un'unità logica; tuttavia essa non è una facoltà conoscitiva autonoma, bensì è essa stessa prodotto di un processo la cui dinamica è oscura. Un meccanismo ignoto presiede all'organizzazione dell'informazione conoscitiva di cui la coscienza rappresenta soltanto il "mezzo della comunicabilità". Attraverso tale argomentazione, Nietzsche demolisce anche le nozioni di spirito, soggetto, anima, tutti nomi per definire quell'unico immaginario sostrato metafisico dotato di facoltà quali il pensiero, la volontà, la sensibilità ritenute cause degli eventi.

# NOTE.

[1] F. NIETZSCHE, "Umano, troppo umano", vol. II, tr. it. di S. Giammetta, Adelphi, Milano 1965 e 1981, cit. p. 8.

[2] Cfr.: GIANNI VATTIMO, "Introduzione a Nietzsche", Laterza, Bari, 1991, pp. 35-46.

[3] F. NIETZSCHE, "Genealogia della morale", tr. it. di F. Masini, adelphi, Milano, 1968 e 1984, cit. p. 22.

[4] Ivi, p. 23.

[5] Ivi, p.26.

[6] Ivi, p.155.

[7] Ivi, p.24.

[8] E. FINK, "La filosofia di Nietzsche", tr. it. di P. Rocco Traverso, Marsilio, Venezia, 1976, cit. p. 181.

[9] F. NIETZSCHE, "Crepuscolo degli idoli", tr. it. di F. Masini, Adelphi, Milano, 1970 e 1983, cit. p. 45.

[10] Ivi, p.52.

[11] F. NIETZSCHE, "Umano, troppo umano", vol. I, tr. it. di S. Giammetta, Adelphi, Milano, 1965 e 1979, cit. p. 91.

[12] F. NIETZSCHE, "Crepuscolo degli idoli", cit. p. 61.

[13] Ivi, p.53.

[14] Ibidem.

[15] F. NIETZSCHE, "L'Anticristo", tr. it. di F. Masini, Adelphi, Milano, 1970 e 1977, cit. pp. 19-20.

[16] Ivi, cit. p.78.

[17] Ivi, cit. p.81.

[18] Ivi, cit. p.46.

[19] Ivi, cit. p.53.

[20] Ivi, cit. p.54.

[21] Ivi, cit. p.56.

[22] F. NIETZSCHE, "Su verità e menzogna in senso extramorale", in "La filofosia nell'epoca tragica dei greci", tr. it. di G. Colli, Adelphi, Milano, 1973 e 1991, cit. p. 232.

[23] Ivi, pp. 231-232.

[24] F. NIETZSCHE, "Umano, troppo umano", vol. I, cit. p. 24.

[25] Ivi, p. 23

[26] Ibidem.

[27] F. NIETZSCHE, "Su verità e menzogna in senso extramorale", cit. pp. 233-234.

[28] Ivi, p.234.

[29] Ivi, p.235.

[30] Ivi, p.240.

[31] F. NIETZSCHE, "La volontà di potenza", a cura di M. Ferraris e P. Kobau, tr. it. di A. Treves, riveduta da P. Kobau, Bompiani, Milano, 1992, cit. p. 334.

[32] Ivi, p.288.

[33] Ibidem.

[34] Ivi, p.291.

[35] E. FINK, "La filosofia di Nietzsche", cit. p. 113.

[36] F. NIETZSCHE, "Aurora", tr. it. di F. Masini, Adelphi, Milano, 1964 e 1978, cit. p. 40.

[37] F. NIETZSCHE, "Genealogia della morale", cit. p. 113.

[38] Ibidem.

[39] F. NIETZSCHE, "La volontà di potenza", cit. p. 59.

# CAPITOLO SECONDO
## LINEAMENTI DEL PENSIERO NIETZSCHEANO DALL'ANNUNCIO DELLA "MORTE DI DIO" ALLA SVOLTA PROSPETTIVISTICA DELLA "FILOSOFIA DEL MATTINO".

§ 1. *La "morte di Dio" e la critica nietzscheana ai nuovi ideali della modernità.*

La decostruzione critica delle verità metafisico-cristiane condotta da Nietzsche nel periodo "illuminista" della sua riflessione, prelude all'annuncio della "morte di Dio" che inaugura un'ulteriore svolta del pensiero filosofico nietzscheano.

Con la morte di Dio profetizzata nel frammento intitolato "l'uomo folle" della "Gaia scienza" come evento epocale imminente e annuncio dell'avvento del nichilismo, infatti, si verifica il definitivo crollo di tutti i pregiudizi tradizionali e delle vecchie abitudini. La morte di Dio è l'evento cruciale che schiude un nuovo orizzonte all'esistenza dell'uomo, quello della libertà. L'affermazione "Dio è morto" rappresenta, dunque, il compimento, l'epilogo della riflessione nietzscheana sulla storia del pensiero metafisico inteso come sistema di valori nichilista e decadente. Essa non è il progetto di una rivoluzione, bensì la constatazione di un avvenimento storico, epocale in cui si manifesta l'esaurirsi, il tramonto definitivo di una prospettiva, di un progetto specifico dell'ente nella sua totalità a causa della perdita di valore di esso rispetto all'unico fine della conservazione e del potenziamento della vita. L'epoca moderna è l'epoca del dominio del logico, in cui la ragione ha raggiunto l'apice dell'affermazione di sé, attraverso le sue categorie, nella generale visione dell'esistenza. L'approccio alla vita, infatti, è divenuto sempre più razionale, fino a pervenire, al culmine della modernità, ad una tale fiducia e sicurezza nella ragione pratica e nel suo metodo conoscitivo, da rigettare come superstizioni e illusioni tutte le vecchie teorie metafisiche.

In una fase storica in cui, attraverso la costante e sempre più estesa manipolazione dell'ente, l'uomo raggiunge una condizione di sempre maggiore stabilità e sicurezza, l'idea di Dio e di conseguenza la morale su di essa imperniata, crolla, si svela nella propria essenziale inconsistenza e nella propria verità autentica di espediente consolatorio, nato dalla paura e dall'incertezza verso la realtà esterna. Si rivela, dunque, finalmente l'origine irrazionale, illusoria dell'idea di Dio riconosciuta come prodotto, creazione umana.

La ragione riconosce, dunque, il proprio errore di valutazione rispetto a una realtà che ora si rivela totalmente fittizia. L'uomo logico, razionale moderno assume una posizione critica nei confronti dei feticci della tradizione. Egli è il disilluso, colui che, grazie ad un progressivo perfezionamento dello strumento logico per il quale pensa e ragiona, diviene consapevole della verità ultima. Di fronte alla tragica scoperta della totale mancanza di fondamento e di radici metafisiche della propria esistenza e del proprio essere, l'uomo vive l'esperienza paralizzante dell'assoluta perdita di senso del tutto. Egli fugge davanti alla propria consapevolezza, ricadendo vittima dell'illusione rassicurante metafisica che torna ad esprimersi in nuovi sistemi di certezze ultime, assolute. Nasce così il culto della scienza, della ragione, fulcro della fede positivista, origine della riduzione della totalità della realtà a manifestazione di fatti razionalmente spiegabili e prevedibili attraverso leggi identificate dal ragionamento deduttivo scientifico. L'uomo, liberatosi finalmente da dogmi e precetti imposti, per se stesso, assolutizza ancora una volta una parte di sé che questa volta non coincide con i propri desideri e i propri bisogni, bensì con la propria ragione. La conoscenza scientifica perde il suo profondo significato di strumento per l'affermazione della vita intesa da Nietzsche come volontà di potenza e accede al rango di ideale assoluto, fine dell'esistenza. Nietzsche si oppone a tale "assoluta tracotanza e sconsideratezza" da parte della scienza che ormai "tende a dettar legge alla filosofia e a fare anche lei, una buona volta, da "padrona""[1] e alla filosofia moderna ridotta ormai a "teoria della conoscenza", a una filosofia cioè "che non sa varcare la soglia e ricusa meschinamente a se stessa il diritto d'accesso - una filosofia questa, prossima ad esalare l'ultimo respiro, una fine, un'agonia, qualcosa che muove a compassione"[2].

Egli mette in guardia contro il pericolo che la filosofia "si abbandoni alla "specializzazione"" riaffermando il vero senso del vivere filosofico che consiste nel sentire "il peso e il dolore di cento esperimenti e di cento tentazioni di vita" nel "mettere continuamente a repentaglio se stesso"[3]. L'uomo di scienza è "l'uomo oggettivo", l'uomo "senza se stesso", freddo, arido che rinuncia alla propria sensibilità e alla propria personalità per divenire "strumento". Egli è per Nietzsche un "bell'esemplare di schiavo".

Con tale espressione Nietzsche vuol definire quel tipo d'uomo che diviene vittima del suo stesso ideale conoscitivo, che mette in moto cioè un meccanismo di cui a lungo andare perde il controllo. Il progresso tecnologico, infatti, lentamente viene potenziato a tal punto da divenire autonomo, da coinvolgere, anzi da travolgere, nel proprio folle e incessabile sviluppo, l'uomo stesso che, alienatosi da sé, dalla propria umanità, diviene arido ingranaggio di un processo di cui ormai non è più soggetto attivo, ma elemento passivo.

Egli diviene nuovamente succube di ciò che egli stesso ha prodotto. L'uomo moderno perde così interesse per se stesso e trasferisce la sua attenzione sulle cose, sulla realtà esterna. Egli si proietta totalmente all'esterno, dimenticando se stesso ed aspira grazie alla scoperta e al potenziamento del metodo sperimentale, alla progressiva e sempre più estesa affermazione di sé sull'ente, al dominio totale e definitivo di esso, attraverso il soggiogamento dell'ente stesso alla propria manipolazione tecnica e la logicizzazione forzata delle sue complesse manifestazioni.

Nietzsche avanza la sua critica a tale ambizione scientifica: "Niente sarebbe più assurdo del voler aspettare ciò che la scienza stabilirà un giorno definitivamente sulle prime e ultime cose, e del pensare (e specialmente credere) fino ad allora nella maniera tradizionale - come così spesso si consiglia. L'impulso a voler avere in questo campo solo sicurezze, è un rigurgito religioso, niente di meglio - una specie latente e solo apparentemente scettica di "bisogno metafisico"[4].

L'uomo scientifico riduce ancora una volta, nell'essenza, l'oggettività, l'ente nella sua totalità, alle categorie della propria soggettività. Egli "umanizza la natura", la costringe entro i rigidi confini di un'interpretazione logico-causale attraverso la riduzione del non-conosciuto al già noto. In questa luce il positivismo rappresenta la radicalizzazione, il compimento della prospettiva metafisica moderna a partire da Cartesio con il quale si realizza, mediante la laicizzazione di un processo iniziato con la filosofia cristiana, il passaggio dalla sostanza al soggetto conoscitivo. Per Cartesio infatti, la verità oggettiva si identifica con le categorie del metodo gnoseologico del soggetto che diviene così il principio metafisico garante della verità della conoscenza. Alla certezza soggettiva corrisponde, dunque, nell'ottica cartesiana una verità oggettiva.

Questa equazione in Cartesio posta ancora solo sul piano gnoseologico si radicalizza nel razionalismo ontologico hegeliano, in cui il soggetto razionale da fondamento metafisico della conoscenza, diviene fondamento assoluto della realtà.

In Hegel si realizza a livello teoretico l'assoluta identificazione nell'ambito dello spirito assoluto, di sostanza e soggetto, di realtà e ragione[5]. Tale assolvimento dell'altro da sé nella dimensione della soggettività umana trova la sua ultima e più completa attuazione pratica nell'appropriazione tecnica dell'ente da parte del soggetto scientifico. Ora il soggetto non viene più inteso come spirito assoluto, bensì come ragione tecnica, attività incessante di trasformazione, manipolazione della realtà. Di fronte a tale situazione, Nietzsche nega polemicamente il valore oggettivo della conoscenza scientifica: "Alla fine l'uomo ritrova nelle cose soltanto ciò che lui stesso ci ha introdotto - il ritrovare si chiama scienza"[6]. La conoscenza è in sé "posizione di un senso", "interpretazione - non spiegazione"[7].

"Non ci sono fatti, tutto è fluido, inafferrabile, cedevole; ciò che dura di più sono ancora le nostre opinioni"[8].

La conoscenza scientifica allora non è che un tentativo di traduzione "in duro fatto di un'antichissima mitologia e vanità dell'uomo: Come non è più lecito pensare a una "cosa in sé", così non è più ammissibile il concetto di "conoscenza in sé". E' una seduzione operata "dal numero e dalla logica", "dalle leggi"[9].

Nietzsche rifiuta il significato meccanicistico insito nelle valutazioni della scienza in quanto esso priva la vita di senso, e sostituisce al concetto di "causa-effetto" la "lotta tra gli elementi in divenire", al susseguirsi di eventi in base a leggi meccaniche, la vitale, dinamica relazione tra quanti di potenza dal cui prevalere dell'uno sull'altro ha origine l'evento.

"L'invariabile succedersi di certi fenomeni non prova una "legge", ma un rapporto di potere tra due o più forze"[10]. Nietzsche rifiuta anche il tentativo moderno della riedificazione di nuovi idoli metafisici operata attraverso la fondazione di una nuova religione basata sul culto di un nuovo valore assoluto identificato nello Stato ideale. "Si chiama Stato il più gelido di tutti i gelidi mostri. Esso è gelido anche quando mente; e questa menzogna gli striscia fuori di bocca "Io, lo Stato, sono il popolo". E' una menzogna! Creatori furono coloro che crearono i popoli e sopra di essi affissero una fede ed un amore: così facendo servirono la vita"[11]. Lo Stato rappresenta la rinuncia da parte dell'individuo alla responsabilità verso se stesso, il trasferimento da parte sua di tale responsabilità ad un soggetto impersonale garante di leggi astratte, valide per tutti. Questo atto di deresponsabilizzazione dell'individuo verso se stesso è per Nietzsche originato dalla debolezza, dalla volontà malata. E' lo stesso meccanismo che presiede al concepimento del Dio cristiano, solo che all'idea assoluta di un Dio personale trascendente si sostituisce l'entità astratta impersonale dello Stato. "L'enorme follia dello Stato fa violenza all'individuo, costringendolo a rinunciare alla responsabilità di ciò che compie (obbedienza, giuramento ecc. ...)"[12].

"Tutto ciò che un uomo fa al servizio dello Stato ripugna alla sua natura"[13]. Lo Stato, infatti, rappresenta la vittoria dell'istinto del gregge sulla virtù dell'individuo, la massificazione e il forzato uguagliamento dei singoli. Essi vengono reputati parti astratte di una totalità astratta che li aliena da sé, dalla propria specifica identità di singolo. L'etica della devozione e dell'obbedienza assoluta allo Stato rappresenta di nuovo la vittoria della "morale degli schiavi", del gregge sulle doti creative e originali individuali. Relegando alla sfera dell'illegalità e dell'immoralità ogni comportamento individuale teso alla prevaricazione, all'affermazione di sé a scapito degli altri, tale nuovo culto religioso si rivela strumento dell'affermazione della volontà di potenza del tipo d'uomo gregario che, trasferendo la propria volontà in un ente oggettivo assoluto, ottiene la garanzia alla soddisfazione dei propri bisogni. Attraverso il criterio della giustizia sociale la massa mediocre giunge a tutelare la propria debolezza di fronte all'individuo forte e volitivo che tende ad affermare la propria individualità, sottoponendo così ogni forma di comportamento diverso e refrattario nei confronti dell'ordine sociale stabilito, ad un giudizio morale di condanna che mira ad abolire la naturale differenza e diversità qualitativa tra gli uomini. Ciò che è diverso e originale e migliore rispetto alla massa è immorale, ciò che non è uguale è condannabile. Lo Stato è il garante, il criterio assoluto di giustificazione di un simile stato di cose. Denigrando la democrazia e il socialismo in quanto espressioni di forme di società in decadenza e repressive nei confronti del singolo, Nietzsche non intende implicitamente favorire regimi totalitari dittatoriali. Egli predica semplicemente la liberazione dell'individuo da ogni vincolo che lo alieni da sé e dalla propria natura.

Egli afferma l'unico diritto naturale dell'uomo ad essere se stesso, ad affermare sé in tutte le proprie potenzialità. Contro ogni tentativo nichilista inibitore frutto della paura o della debolezza, Nietzsche è il teorico della volontà forte, ma non della volontà di prevaricazione che è ancora solo un aspetto parziale della fisionomia molteplice, bensì della volontà di sé, della persona cioè nella sua interezza, comprensiva anche dei suoi aspetti più contraddittori e sgradevoli quali l'inclinazione all'odio, alla guerra ecc....i quali in quanto affetti naturali, originari dell'individuo risultano pienamente giustificati nella loro espressione concreta. L'uomo deve dunque recuperare l'onestà e la "serietà verso se stesso" smarriti in questi tentativi di fuga e di alienazione dall'essenziale struttura polemica e conflittuale della vita e dei rapporti interpersonali. Nietzsche combatte tutte le forme di organizzazione della vita umana tese ad inibire l'istinto naturale dell'uomo a realizzarsi come persona completa. Contro un tipo di società decadente, egli afferma l'ideale di una "società aristocratica" la cui regola fondamentale è il rispetto per le "differenze di rango" e in cui ciò che è debole e decadente non viene brutalmente soppresso, bensì superato e di conseguenza dominato dalla volontà forte, sicura di sé. L'uomo dalla volontà ferma è colui che, volendo e realizzando se stesso, domina su colui che non riesce invece ad affermarsi. La volontà di dominio è essenzialmente intrecciata alla volontà di sé. Colui che vuole se stesso, vuole anche dominare su tutto ciò che oppone resistenza alla propria autorealizzazione, sulle resistenze e gli ostacoli che il quotidiano scambio col mondo gli oppone. Nietzsche dice: "Che cos'è aristocratico? Dovere costantemente rappresentare se stesso"[14]. E' questo il tipo d'uomo che deve diventare dominante in futuro.

Realizzare questo tipo di uomo è il compito, il fine ultimo della trasvalutazione di tutti i valori di Nietzsche.

§ 2.    La *"trasvalutazione di tutti i valori"* e la profezia dello *"spirito libero"* come figura dell'avvento dell'epoca del nichilismo compiuto.

Lo scopo della trasvalutazione nietzscheana non consiste in un progetto sovversivo destinato a realizzarsi attraverso un atto volontario. Nietzsche non è un rivoluzionario.

La "società aristocratica" e l'uomo nuovo sono frutto di una profezia, di una previsione a lungo termine e non di un programma eversivo. Sono la risposta al nichilismo europeo, la "malattia dell'epoca". Nietzsche, infatti, non progetta, bensì descrive il nuovo tipo d'uomo dalla carica vitale forte e intatta che nell'epoca attuale esiste solo allo stato potenziale, tendenziale a causa dell'avversità delle condizioni storiche e culturali che ne impediscono la piena realizzazione, ma che diverrà in un futuro ancora remoto, grazie a un'educazione che ne favorirà il pieno sviluppo delle innate potenzialità, il protagonista di una nuova epoca più matura, più sana. Quando i tempi saranno maturi e il nichilismo si sarà finalmente rivelato nella sua essenza più vera, più propria, quando cioè decadrà per la necessaria logica intrinseca al nichilismo stesso, il tipo d'uomo attualmente dominante e cioè l'uomo gregario, fisiologicamente decadente, sarà tempo finalmente per l'affermazione dell'individuo inteso come il "tipo d'uomo supremo" "più completo, più ricco, più intero di fronte a innumerevoli uomini incompleti e frammentari"[15]. "Si possono capovolgere i valori soltanto se esiste una tensione data da nuovi bisogni, che soffrono dei vecchi valori senza averne coscienza ..."[16].

Tutto è frutto di un processo naturale, spontaneo di autorivelazione del nichilismo a se stesso come movimento di realizzazione della vita nella sua essenza profonda a cui corrisponde una "progressiva autocoscienza della volontà di verità"[17]. "Il nichilismo, pensato nella sua essenza, è il movimento fondamentale della storia dell'occidente"[18] . La riflessione di Nietzsche "diviene allora una meditazione sulla situazione e sullo stato dell'uomo contemporaneo il cui destino rispetto alla propria verità è ancora ben scarsamente compreso"[19]. Nietzsche, attraverso la figura simbolica dello "spirito libero", inaugurata nel periodo illuminista del suo pensiero e in seguito, a partire dal "Così parlò Zarathustra", del "superuomo", compimento e risultato maturo della conquista da parte dell'uomo di se stesso, come poi dirà nello Zarathustra stesso attraverso le parole del profeta, vuole "insegnare agli uomini il senso del loro essere", renderli finalmente liberi; ma la libertà a cui Nietzsche si riferisce non è intesa come atteggiamento sovversivo nei confronti del proprio naturale modo di essere. Nietzsche non crede nel miglioramento sostanziale di sé da parte dell'uomo, in quanto ciascuno è secondo la propria natura già definito in potenza come questa determinata quantità di forza plastica, per cui il fisiologicamente debole è già da sempre irrevocabilmente condannato a restare tale in quanto non può scegliere di essere altro da sé bensì può, kierkegaardianamente, scegliere esclusivamente se stesso, cioè il proprio modo di essere nella sua globalità. Ciò che Nietzsche si propone, con la sua pedagogia dell'uomo nuovo, è la sempre più matura presa di coscienza da parte degli individui dotati di nature ricche e vitali, di se stessi nel proprio valore unico e irripetibile.

Egli vuole insegnare il giusto modo di valutare se stessi, di conoscersi, non stabilendo tuttavia a tal fine un nuovo metodo, bensì esortando ciascuno a mettersi in ascolto della voce interiore della propria natura, per capire ognuno da sé cosa veramente vuole e desidera realizzare. Nietzsche vuole insegnare ad essere autentici, fedeli a se stessi, a diventare quel che si è per propria intrinseca natura.

Con la morte di Dio, dunque, con cui si è annunciato l'avvento del nichilismo, in cui cioè per la prima volta ci si è resi conto dell'inconsistenza e dell'illusorietà di ogni fondamento metafisico e di ogni certezza fino ad allora creduta vera, si è iniziato un lungo e difficile percorso verso la verità, verso la consapevolezza autentica della vita. Nietzsche identifica nella sua epoca la fase iniziale di tale consapevolezza nichilistica, una fase ancora immatura, provvisoria, destinata anch'essa a culminare nel proprio spontaneo e necessario tramonto secondo la logica con cui si è realizzato il decadimento, il naturale processo di "auto-soppressione" dei precedenti sistemi di valore ispirati da un atteggiamento nichilista falso e immaturo.

L'"epoca delle masse" con la sua "morale del gregge" è destinata a tramontare. "Fu questa stessa morale ad accumulare enormemente la forza che ha teso l'arco in un modo così minaccioso - e ora essa è divenuta "sopravvissuta". E' raggiunto quel punto pericoloso e inquietante in cui la vita più grande, più multiforme, più sterminata vive al di là dell'antica morale, distaccandosi da essa: c'è ora l'"individuo", costretto a una sua propria legislazione, a sue proprie arti e astuzie d'autoconservazione, autoelevazione e autoliberazione"[20]

. Nietzsche, dunque, si immedesima nel ruolo di profeta, di colui che ha precocemente intuito la verità e ha raggiunto una più alta consapevolezza, riconoscendo tuttavia l'inattualità del proprio messaggio profondo, l'immaturità della sua epoca per la comprensione di esso in quanto dominata dalla massa inetta, fisiologicamente incapace a recepirne l'essenza. L'avvenire del nichilismo compiuto è il punto di riferimento della riflessione nietzscheana a partire dalla "filosofia del mattino" che mira a illuminare, particolarmente attraverso scritti quali "Umano, troppo umano", "La Gaia scienza", "Aurora", l'alba di una nuova vita, passando per il linguaggio simbolico del "Così parlò Zarathustra" fino agli ultimi anni della sua attività speculativa attraverso la formulazione in un linguaggio più propriamente filosofico, dei pensieri raccolti nei frammenti postumi. La sua riflessione è costantemente, pur nella successione delle fasi peculiari del suo pensiero, rivolta al futuro. Un futuro remoto, lontano, appena percettibile adesso soltanto dagli spiriti più sensibili, paradossalmente ricco di promesse e fecondo di vita, pur nella sua profonda tragicità essenziale. In tale ottica il suo messaggio pedagogico mira ad educare, cioè ad alimentare il "talento innato", la naturale predisposizione alla vita forte, propria di una ristretta, selezionata cerchia di individui, propria cioè solo degli "spiriti più leggeri e più liberi" che "preannunciano con le loro tendenze il tempo che farà"[21].

Nietzsche sottolinea il ruolo fondamentale dell'educazione nella prospettiva di un rinnovamento della società e dell'attuazione di un nuovo ideale di vita: "Ognuno ha talento innato, ma solo in pochi è innato e si sviluppa con l'educazione il grado di tenacia, perseveranza ed energia, grazie a cui si diventa effettivamente un talento, ossia si diventa ciò che si è, vale a dire: lo si scarica in opere e in azioni"[22].

In conclusione Nietzsche profetizza il superamento paradossale del nichilismo da parte del nichilismo stesso attraverso un'estremizzazione di esso. Tale realizzazione definitiva del movimento della vita verso la piena consapevolezza della propria essenza si compirà nell'uomo "divenuto abbastanza forte per vedere il fondo dello scuro pozzo del suo essere", abbastanza maturo cioè per reggere la propria tragica consapevolezza, pronto a morire a se stesso per immergersi e divenire tutt'uno con il molteplice e inarrestabile flusso dionisiaco della vita. Questo è il punto dove l'uomo vecchio finisce e inizia lo "spirito libero", primo passo del cammino di ricerca da parte dell'uomo, di sé e del proprio autentico modo di essere nel mondo.

§ 3. *La "filosofia del mattino" e la teoria fisiologica dei valori come svolta verso una nuova concezione nietzscheana della vita e dell'uomo.*

La "filosofia del mattino" rappresenta in questo contesto il momento del risveglio dall'incubo del nichilismo, il buongiorno della vita che si presenta all'individuo come una giornata tutta da costruire e da vivere intensamente con rinnovato spirito di gioiosa intraprendenza. L'uomo, dunque, scopre la coincidenza di essere e senso, l'accadere, la vita come possibilità per cui solo trova ragione d'essere la propria azione. Volere se stessi, la propria individualità; ridivenire liberi per la propria volontà intesa come potenza creativa e creatrice si senso, di nuovi valori. "Noi vogliamo diventare quelli che siamo: i nuovi, gli irripetibili, gli inconfrontabili, i legislatori-di-se-stessi, i creatori-di-se-stessi! E a tale scopo dobbiamo diventare coloro che apprendono e discoprono tutto quanto al mondo è normativo e necessario: dobbiamo essere dei fisici per poter essere in ogni senso dei creatori, mentre fino ad oggi tutte le valutazioni e gli ideali sono stati edificati sull'ignoranza della fisica oppure in contraddizione con essa"[23]. "Essere se stessi, valutare se stessi secondo propri pesi e misure"[24], questo è ciò che l'uomo redento dal peso del passato si propone come unica meta del proprio vivere. L'uomo della "grande salute", dalla forza vitale intatta, traboccante, è l'uomo decisosi per il proprio corpo che ora diviene il nuovo criterio di valutazione, il nuovo metro di misura per la creazione di nuove tavole di valori secondo l'ottica della vita. Un corpo inteso però non tradizionalmente come sostanza unitaria ultima, causa unica delle molteplici attività umane, bensì come teatro di manifestazione di una molteplicità di impulsi in lotta tra loro per la propria autoaffermazione. L'impulso in quel momento dominante determina nell'uomo la rappresentazione, l'azione. Dunque, per Nietzsche, non esiste alcuna volontà, alcuna intenzionalità come causa del comportamento e dell'agire umani. Le azioni stesse sono inconoscibili. "Ci siamo dati così tanta pena per imparare che le cose esteriori non sono quel che esse ci appaiono - ebbene dunque, lo stesso avviene per il mondo interiore! Le azioni morali sono in realtà qualcos'altro! Di più non possiamo dire e tutte le azioni sono essenzialmente ignote. Il contrario è stato ed è l'universale credenza"[25]. Dunque "le azioni non sono mai quel che esse ci appaiono!"[26]. "Ogni azione, in una considerazione anteriore e posteriore di essa, è e resta una cosa impenetrabile; che le nostre opinioni di "buono", "nobile", "grande" non possono mai essere dimostrate dalle nostre azioni, perché ogni azione è inconoscibile; che sicuramente le nostre opinioni, valutazioni e tavole di valori appartengono alle leve più potenti nel congegno delle nostre azioni, ma che per ogni singolo caso le legge del loro meccanismo è indimostrabile. Limitiamoci, dunque, a epurare le nostre opinioni e valutazioni, e alla creazione di nuove tavole di valori che siano nostre: ma non stiamoci più a lambiccare sul valore morale delle nostre azioni!"[27].

Il pregiudizio della conoscibilità delle azioni scaturisce dalla fede nel "libero volere" come causa del comportamento umano. In base a tale giudizio la morale fonda la propria distinzione tra il bene e il male.

Sull'erronea interpretazione dell'Io come unità metafisica, sostanza ultima dotata della facoltà del libero arbitrio si basa il concetto di responsabilità morale. In realtà la distinzione tra buone e cattive azioni è puramente arbitraria poiché non esiste un io soggetto di una volontà che decide, in base a criteri astratti, ciò che è giusto fare e ciò che è sbagliato, in quanto tale soggetto è soltanto il risultato superficiale, l'atto finale del manifestarsi dell'impulso dominante. Nell'uomo, infatti, in seguito all'impatto col mondo esterno si scatena una lotta tra una molteplicità di impulsi, ciascuno tendente all'affermazione di sé. Dalla vittoria dell'affetto maggiormente rispondente al fine di trarre vantaggio dalla particolare circostanza in cui l'uomo deve agire, scaturisce la sensazione al livello della coscienza, la quale sensazione, che è già essa stessa evento, effetto, è già azione, viene fraintesa come causa del comportamento. La rappresentazione di uno stato d'animo viene interpretata come "motivazione". Ciò che è successivo viene scambiato per ciò che è originario. Non può esservi allora un modello morale astratto che regola il comportamento umano, in quanto questo è "affetto" dalla propria essenziale impulsività. Non esiste un comportamento libero, ma esso è sempre condizionato da una molteplicità di affetti che lottano per realizzarsi.

Non esiste dunque una causa prima; "tutto è divenuto", tutto è risultato, processo. Così, anche "lo spirito libero", la specie umana superiore è "l'erede di ogni tratto aristocratico di tutto lo spirito passato", è "il più nobile di tutti i nobili dell'antichità e al contempo il capostipite di una nobiltà nuova, di cui nessun tempo vide e sognò l'eguale"[28]. Egli è cioè unito in un legame di continuità con il passato dell'umanità che in lui culmina in una sintesi e in una pienezza più alta, più consapevole.

Egli non è "qualcosa di semplicemente ereditato da altri tempi - egli è l'intera unica linea uomo prolungata fino a lui ..."[29] "Noi siamo più che l'individuo: siamo anche l'intera catena con compiti che riguardano tutto l'avvenire della catena"[30].

L'uomo nuovo, l'uomo come tutto è colui che "sa sentire la storia degli uomini nella sua totalità come la sua propria storia"[31], è l'uomo che "ha un orizzonte di millenni davanti e dietro di se", l'eroe che sa "prendere tutto questo sulla propria anima, il più antico come il più nuovo, le perdite, le speranze, le conquiste, le vittorie dell'umanità, possedere infine tutto ciò in una sola anima e tutto insieme stringerlo in un unico sentimento"[32], un sentimento da cui ha origine una nuova felicità: "la felicità di un Dio colmo di potenza e d'amore, di lacrime e di riso, una felicità che, come il sole alla sera, non si stanca di effondere doni della sua ricchezza inestinguibile e li sparge nel mare, e come il sole, soltanto allora si sente assolutamente ricca, quando anche il più povero pescatore rema con un remo d'oro!"[33]. Lo spirito libero stesso è in continuo divenire. La sua natura, infatti, non consiste in un sostrato già dato nella sua completezza e che deve solo manifestarsi, bensì è un processo in continuo svolgimento da cui risulta di volta in volta uno stato di temporaneo equilibrio destinato ad essere superato nella realizzazione di una nuova forma di esistenza.

Ciò che determina tale movimento volto al perpetuo trascendimento di sé da parte dell'uomo non è però, come già detto, un principio causale, bensì la "lotta per la potenza" finalizzata al raggiungimento del risultato più efficace al fine della conservazione e del potenziamento di sé.

L'utilità è, dunque, il principio che soggiace ad ogni azione umana e il grado di utilità, cioè di valore di una determinata azione è rivelato dal grado del sentimento di piacere che si percepisce nel compiere tale azione. Tale sensazione di piacere non è che il senso della propria potenza. Nietzsche afferma: "senza piacere non vi è vita. La lotta per il piacere è la lotta per la vita"[34]. Il piacere dunque è lo stimolo, il criterio di valutazione strumentale per il raggiungimento del vero fine dell'agire che è il "benessere dell'individuo". Al canone morale rigido e astratto della tradizione, Nietzsche sostituisce, dunque, un criterio fisiologico in base a cui egli valuta ciò che è utile per la vita e dunque ha valore. La potenza, la sensazione di forza, l'eccitamento fisiologico sono i parametri di riferimento fondamentali per ogni giudizio su ciò che è degno di essere vissuto. Il corpo inteso come stato d'animo globale diviene ora il luogo privilegiato della manifestazione della verità. La vita si rivela nella sua essenza profonda, come volontà di potenza, all'uomo nell'ambito della sua dimensione affettiva. L'uomo cioè può intuirla sentendola, percependola dentro sé affettivamente, in quanto corpo, come stato d'animo profondo, ineffabile e non comunicabile pienamente attraverso la formulazione di concetti.

Il corpo nella sua interezza e non una parte di esso come l'intelletto, la ragione o la coscienza, rappresenta il nuovo concetto-cardine della fisiologia dei valori nietzscheana, fondamento della sua trasvalutazione. Nietzsche dice: "I valori morali sono soltanto valori apparenti, se confrontati con quelli fisiologici"[35]. Il criterio di giustificazione della validità di un sistema di valori rispetto ad un altro è l'utilità per la vita, cioè la maggior capacità da parte di un progetto di vita di soddisfare l'accrescimento di potenza, il sentimento di forza di un determinato "centro di forza". L'impulso ad affermare e ad accrescere la propria potenza, a primeggiare nella quotidiana ineluttabile lotta con gli altri "centri di potenza", ad esprimersi nella propria pienezza è il principio fondamentale su cui Nietzsche fonda una nuova etica all'insegna della vita forte, ricca, valorizzata nella pienezza fisica delle sue manifestazioni. "Il punto di vista del valore è il punto di vista delle condizioni di conservazione e di accrescimento per formazione complesse, la cui vita ha una relativa durata entro il divenire"[36] e ancora "valore è la massima quantità di potenza che l'uomo possa incorporarsi: l'uomo, non l'umanità"[37].

La posizione di valori secondo tali affermazioni è propria per Nietzsche, quindi, esclusivamente dell'uomo inteso come individuo, la cui esistenza, dunque, dipende da lui solo.

## § 4. *Il prospettivismo come principio fondamentale della antropologia nietzscheana.*

Scopo ultimo della dottrina nietzscheana della trasvalutazione di tutti i valori e della sua fisiologia della conoscenza è l'intenzione di restituire valore e senso alla singola esistenza. Ogni uomo è un individuo completo; il senso della vita viene deciso e determinato da lui stesso, solo secondo le esigenze della sua più intima natura che di volta in volta si estrinsecano, e secondo il suo specifico modo di essere. L'uomo deve "divenire ciò che è", cioè quell'irripetibile ed unica concrezione d'essere costituita da una molteplicità di potenziali prospettive che, interagendo dialetticamente tra di loro, lo costituiscono di volta in volta come quel determinato essere che egli è. Nella figura dello spirito libero Nietzsche riassume la sua visione dell'uomo dell'avvenire; l'uomo, cioè, che appartiene a se stesso, che riconosce nella propria capacità di porsi "nuove mete" e propri orizzonti la propria virtù più vera. L'uomo che ascolta le diverse voci della sua natura, del suo corpo e le realizza nelle proprie scelte e nelle proprie azioni. Egli è l'individuo integrale, molteplice che non si irrigidisce in una forma d'esistenza univoca, definitiva, bensì aspira a conquistare sempre nuove mete, si pone sempre nuovi obiettivi, anela a superarsi, a esplorare e a vivere la vita nella sua ricchezza di occasioni.

Lo spirito libero cerca sempre nuove esperienze, nuove avventure; egli non teme il pericolo, bensì lo cerca in quanto occasione per affermare ancor più pienamente la propria forza, il proprio coraggio. Egli non anela alla quiete stabile, alla pace, ma vive in continua tensione polemica con il mondo, ama la guerra in quanto rappresenta il modo in cui si realizza la sua naturale brama di potenza, il suo urgente bisogno di affermarsi, di dominare. "Il segreto per raccogliere dall'esistenza la fecondità più grande e il diletto più grande, si esprime così: vivere pericolosamente"[38]. Nietzsche esorta: "Costruite le vostre città sul Vesuvio, spedite le vostre navi su mari inesplorati! Vivete in guerra con i vostri simili e voi stessi! Siate predatori e conquistatori finché non potrete essere dominatori e padroni, voi uomini della conoscenza! Passerà presto il tempo in cui potevate contentarvi di vivere rimpiattati come timidi cervi nei boschi. Finalmente la conoscenza stenderà la mano verso ciò che le è dovuto: vorrà signoreggiare e possedere, e voi con essa!"[39].

Lo spirito libero vive la propria vita come una continua ricerca, come perenne tentativo, esperimento. In nome del suo ideale di vita, sfida gli ostacoli più pericolosi, mette a repentaglio se stesso, non vuole risparmiarsi, ma la sua esistenza è un continuo rinascere alla luce di sempre nuovi orizzonti. Egli è "colui che vuole creare al di sopra di sé sempre e così perisce"[40]. Il suo amore per la vita è strettamente connesso con il disprezzo di sé: "Amare e tramontare: ciò va insieme dai secoli dei secoli. Volontà d'amore: è accettare di buon grado anche la morte"[41]. Per Nietzsche infatti: "mettere in gioco la propria vita, la propria salute, il proprio onore è effetto della tracotanza e di una volontà straripante e dissipatrice: non lo si fa per amore degli uomini, ma perché ogni grande pericolo ci rende curiosi della misura della nostra forza, del nostro coraggio"[42]. L'uomo del grande coraggio è una prospettiva sul mondo, sempre mutevole, sempre in divenire. Egli stesso è costituito dal rapporto dialettico tra le molteplici potenziali prospettive che di volta in volta si affermano costituendolo come unità, un'unità però che non è originaria, non è prima dell'interpretazione, bensì è essa stessa interpretazione, è divenuta. Essa si costituisce di volta in volta come risultato di un processo dialettico mai completamente concludentesi nel raggiungimento di un equilibrio e di una posizione definitivi. L'io, dunque non esiste se non come prospettiva, la sua stessa essenza è prospettica.

L'uomo è affetto dal naturale impulso alla conoscenza che non si appaga mai, egli anela alla sperimentazione di nuovi modelli di vita, alla scoperta di nuovi punti di vista, di nuove prospettive a cui corrispondono nuove forme di comportamento. A proposito della conoscenza Nietzsche dice: "No. La vita non mi ha disilluso. Di anno in anno la trovo invece più ricca, più desiderabile e più misteriosa - da quel giorno in cui venne a me il grande liberatore, quel pensiero cioè che la vita potrebbe essere un esperimento di chi è volto alla conoscenza - e non un dovere, non una fatalità, non una frode. E la conoscenza stessa: può anche essere per gli altri qualcosa di diverso, per esempio un giaciglio di riposo o la via ad un giaciglio di riposo, oppure uno svago o un ozio; ma per me essa è un mondo di pericoli e di vittorie, in cui anche i sentimenti eroici hanno le loro arene per la danza e per la lotta"[43]. Lo spirito libero vive secondo la sua conoscenza; il suo modo di conoscere è cioè il suo stesso modo di essere e agire nel mondo. Creare valori nuovi, vivere secondo nuove prospettive è ciò che dà senso all'esistenza e rende l'uomo autentico.

Ascoltare la voce polifonica del proprio corpo è il segreto per vivere pienamente e per sottrarsi alle insidie velenose della vita decadente, malata la cui forza vitale si è indebolita e infiacchita e a cui non resta che vendicarsi della propria impotenza contro la vita sana, forte. "Creare - questa è la grande redenzione dalla sofferenza e il divenir lieve della vita"[44].

"Creare" è la parola che esprime in sé il senso del vivere e del conoscere. Il conoscere, dice Nietzsche "è creare" e il creare "è una legislazione", la "volontà di verità" è - volontà di potenza"[45].

La creatività è l'essenza della natura prospettica dell'uomo.

Interpretare è creare cioè porre nuovi valori i quali ispirano diversi modi di agire. Ad una determinata prospettiva conoscitiva corrisponde cioè un determinato modo di relazionarsi, di interagire col mondo. Per Nietzsche l'atto dell'interpretazione è già un agire. L'individuo è la sua stessa interpretazione e tale interpretazione è il suo stesso modo di essere nel mondo. Nietzsche procede ad un'identificazione di teoresi e prassi. Esiste cioè una corrispondenza nell'individuo tra ciò che egli fa e ciò che conosce che lo costituiscono come ciò che egli è, di volta in volta come questa determinata prospettiva.

Attraverso tale procedimento Nietzsche nullifica la distinzione tra un oggetto che viene conosciuto nella sua essenza in sé e un soggetto che conosce in maniera obiettiva, disinteressata. Questa distinzione cade in quanto soggetto e oggetto si coappartengono, sono essi stessi la relazione che li costituisce attraverso la rappresentazione. Il concetto cardine metafisico di "cosa in sé" viene dunque definitivamente vanificato in quanto non esiste alcuna cosa, alcun in sé, né alcun soggetto, bensì esiste la relazione per cui l'individuo e l'oggetto vengono di volta in volta costituendosi nella loro essenza. L'uomo viene dunque posto da Nietzsche in un rapporto originario, essenziale con il mondo esterno. L'io non è più una sostanza data a priori, ma l'insieme di relazioni col mondo, la sintesi temporanea di numerosi fattori in provvisorio equilibrio tra loro. L'individuo è l'instabile in continuo movimento verso se stesso. "L'uomo è un ponte e non uno scopo: che si chiama beato per il suo meriggio e al sua sera, come via verso nuove aurore"[46]. L'uomo realizza se stesso attraverso l'incessante superamento di stati di equilibrio raggiunti; egli tende alla stabilità, quindi, non come meta ultima, bensì per trascenderla in un processo senza fine di posizione e di superamento di obiettivi sempre nuovi. Non esiste per Nietzsche, infatti, un fine inteso come punto d'arrivo definitivo, ma ogni scopo ha un valore puramente strumentale. Esso è cioè posto dall'uomo come mezzo per realizzare la propria aspirazione alla potenza che è l'unico fine di ogni agire umano. Nietzsche definisce questo impulso dinamico all'incessante trascendimento di sé da parte dell'uomo con il termine di "volontà di potenza".

## § 5.   *La concezione della volontà di potenza e le sue valenze fondamentali.*

La volontà di potenza coincide con l'impulso creatore, indefinibile nella sua essenza ultima, in quanto non corrispondente a nessuna nozione psicologica nota, né ad alcun concetto metafisico tradizionale. Essa è la spontanea creatività attraverso cui l'uomo si realizza in quanto interpretazione, prospettiva. La volontà di potenza è dunque per Nietzsche il principio ultimo, ciò che costituisce l'uomo nella sua essenza più profonda; ma questo non basta a far parlare di essa come nuovo principio metafisico nel senso tradizionale di sostanza, in quanto essa non è definibile secondo categorie logiche, né attraverso definizioni psicologiche. La volontà di potenza, infatti, non è sostrato unico, fisso, identico a sé, non è la volontà intesa in senso schopenhaueriano, né la definizione di essa come impulso coincide con la comune nozione psicologica di istinto. Essa è movimento continuo, profondo verso l'essere; è la pura tendenza ad essere che mai si realizza e si compie definitivamente. La volontà di potenza in quanto perpetua attività creativa, generatrice di forme è il principio della vita stessa, il modo in cui essa si attua e si realizza come terra nella molteplicità delle sue manifestazioni. La vita stessa è questo movimento incessante verso l'attuazione e il superamento delle proprie forme; è questo continuo volere se stessa, affermare se stessa in un eterno processo di generazione e distruzione, di vita e di morte. Tutto nel mondo è dunque volontà di potenza, ma il luogo privilegiato della manifestazione di essa in quanto forza plastica, inesauribile energia creatrice, è l'uomo.

Nell'uomo essa accade, si attua come prospettiva, si pone come valore. E' la vita stessa che attraverso l'uomo pone valori di volta in volta più rispondenti al fine unico della propria attuazione in quanto potenza: "Quando parliamo di valori, parliamo sotto l'ispirazione, sotto l'ottica della vita: la vita stessa ci costringe a stabilire dei valori, la vita stessa valuta per nostro tramite, quando noi stabiliamo valori"[47] . Essi valgono dunque soltanto in ragione della loro utilità per la vita. Il loro valore è quindi puramente strumentale. Ogni sistema di valori è "un genere di mezzi [che] fu frainteso come uno scopo. In tutte le "teodicee filosofico-morali" la vita e il suo aumento di potenza furono abbassati al livello di mezzi"[48]. Non esiste dunque un criterio definitivo di orientamento, una casistica di norme da seguire, ma ognuno dirige se stesso secondo la propria sensibilità; ciascuno crea secondo il grado della propria potenza: il valore è la misura, quindi, della potenza di un determinato individuo.

La volontà di potenza non è il soggetto metafisico di un'attività creatrice; essa è infatti questa stessa attività spontanea, necessaria, causale. Il mondo, dunque, non soggiace ad alcuna legge individuabile attraverso categorie scientifiche. La volontà di potenza è infatti principio metafisico, non legge fisica; essa è forza plastica, attiva.

Nietzsche definisce il mondo "un mostro di forza, senza principio, senza fine, una quantità di energia fissa e bronzea, che non diventa né più grande né più piccola, che non si consuma, ma solo si trasforma, che nella sua totalità è una grandezza invariabile, un'economia senza profitti né perdite, ma anche senza incremento, senza entrate, circondata dal "nulla" come dal suo limite"[49]. Esso è "un'energia determinata inserita in uno spazio determinato, e non in uno spazio che in qualche punto sia "vuoto", ma che è dappertutto pieno di forze, un gioco di forze, di onde di energia che è insieme uno e molteplice"[50].

Nietzsche rifiuta l'ipotesi meccanicistica, individuando in essa il carattere fondamentale dell'approccio scientifico alla realtà volto alla manipolazione e alla razionalizzazione dell'ente. "Il vittorioso concetto di "forza" con cui i nostri fisici hanno creato Dio e il mondo, ha ancora bisogno di integrazione: gli si deve attribuire un mondo interiore che io definisco "volontà di potenza", ossia un insaziabile desiderio di esibire potenza"[51]. "La volontà di potenza non è un essere, non un divenire, ma un pathos - il fatto più elementare da cui risulta un divenire, un agire..."[52]. Nietzsche intende la vita nel suo valore supremo, non come sussistere biologico, ma come stato dionisiaco, pienezza di vitalità. Tuttavia egli rigetta anche l'approccio vitalistico in quanto fondato anch'esso su criteri di valutazione antropomorfici. Il senso dell'affermazione nietzscheana sul carattere patico, irrazionale, casuale della vita in sé, infatti, non va inteso nel suo senso comune riferito a queste espressioni. Nietzsche sostiene semplicemente che ciò che alla logica umana appare paradossale, assurdo si giustifica pienamente nell'ambito di una logica, di una necessità che va oltre ogni possibilità di comprensione. Egli non intende, dunque, in riferimento al mondo, i termini caos e caso nel loro significato popolare. Il caos, in cui Nietzsche identifica la vita, possiede una propria legalità intrinseca, solo che essa resta oscura al comprendere umano. I concetti di contraddittorietà, illogicità valgono solo in riferimento alla conoscenza umana. Ciò che è illogico e irrazionale è tale solo in rapporto al criterio di razionalità e di logicità delle categorie del nostro pensiero. E' per questo che Nietzsche può adoperare, in riferimento alla vita, termini quali possibilità, creatività, necessità, caso, fato, senza risultare contraddittorio. Nella sua concezione dell'essere come volontà di potenza, infatti, la creatività rappresenta lo spontaneo accadere di possibilità. Tale creatività comprende allo stesso tempo i caratteri di necessità e libertà in quanto essa è attività spontanea che coincide con il proprio accadere, dunque ha in sé la propria necessità e, in quanto non è in relazione con nulla al di fuori di sé, essa è assolutamente libera.

"Soltanto la necessità che non è più una categoria, e quindi non è né legge di natura, né legge finalistica, né ineluttabilità, né intenzione, è per lui il fato. Esso ricomprende il caso e la legge, il caos e il fine"[53]. "Essa è fatalismo supremo, eppure identico al caso e a ciò che crea"[54]. La necessità intesa in questo senso è intrinseca all'essere interpretato come il possibile, in quanto ogni possibilità dell'essere ha in sé la propria necessità ad accadere, ma la necessità con cui accadono le possibilità dell'essere coincide, come già detto, con il caso, cioè si realizza in modo non prevedibile, né dimostrabile. "Le mani d'acciaio della necessità scuotono il bossolo dei casi, giuocano per un tempo infinito il loro giuoco: dovranno allora capitare getti di dadi che assomigliamo perfettamente al finalismo e alla razionalità di ogni grado. Forse i nostri atti volontari, i nostri scopi, non sono null'altro appunto che tali getti di dadi e noi siamo soltanto troppo limitati e troppo vanitosi per renderci conto della nostra estrema limitatezza : quella, cioè, espressa dal fatto che siamo noi stessi a scuotere con mani d'acciaio il bossolo dei dadi, che siamo noi stessi, nelle nostre azioni maggiormente premeditate, a non far niente di più che il gioco della necessità"[55]. La necessità con cui l'essere come possibilità accade, non è dunque legge meccanica al pari delle leggi fisiche conosciute e definibili attraverso il metodo scientifico, bensì essa trascende ogni principio fisico che rende ragione dei fenomeni naturali; essa è la legge generale dell'essere e in quanto generale non dimostrabile, né definibile attraverso il ragionamento scientifico, ma solo intuibile; essa è forza plastica che è volontà di potenza, principio metafisico immanente alla vita, ma trascendente rispetto ad essa, intesa solo come totalità dei fenomeni attuali, come mondo presente. La volontà di potenza in quanto volontà assoluta che non vuole nulla in particolare, ma vuole volere, cioè vuole se stessa, realizza la sua essenza come continuo superamento di sé attraverso l'opposizione, il movimento dialettico dell'individuazione che è lotta degli enti finiti posti da essa stessa come quanti di volontà finita. Essa realizza la propria aspirazione alla potenza attraverso la conquista del limite posto in modo sempre diverso, sempre nuovo. Il modo della sua attuazione è la lotta; la volontà di potenza è essa stessa questa lotta, questo polemos vitale tra enti intesi come puntuazioni di volontà finita, forme attuali di essa (della volontà totale) in lotta per l'affermazione di sé: "mediante un essere organico, non un essere, ma la lotta stessa vuole conservarsi, vuole crescere e vuole essere consapevole di sé"[56].

## § 6. *Osservazioni conclusive.*

All'origine della teoria nietzscheana della volontà di potenza non vi è una decisione filosofica, bensì un'intuizione religiosa. Tale concezione, infatti, nasce dalla passione nietzscheana per la vita che è tale da elevare la vita stessa ad unico principio assoluto. Nella dottrina della volontà di potenza, infatti, si afferma la vita in quanto potenza assoluta. Il concetto di essere come volontà di potenza, dunque, non sorge dal tentativo di creare (secondo l'interpretazione di Heidegger)[57] un'egologia dell'essere, un'ideologia dell'io superpotente che assorbe e realizza in sé, nella propria potenza la totalità del reale, ma dall'amore intenso, dalla devozione religiosa nietzscheana per la vita esuberante che si afferma nella ricchezza e nella molteplicità delle sue forme. "Nietzsche non pone l'uomo al posto del Dio dei cristiani e del regno platonico delle idee, egli pone la terra. Forse anch'essa è una dea antichissima, ma senza forma, che non ha contorno, che è vicina eppure difficile da afferrare"[58]. Nietzsche cioè "non fa dell'uomo l'Ente più autentico e supremo, non supera la finitezza umana, ma concepisce l'essenza dell'uomo come creatività, creatività finita"[59]. Alla base della speculazione filosofica nietzscheana c'è la fede in una vita fisiologicamente ricca e molteplice per la quale egli combatte con toni vigorosi ogni nichilismo dell'Essere, ogni fredda teoria di una verità assoluta rigida e astratta che pretenda di catturare in una definizione concettuale il principio ultimo del tutto e che orienti l'esistenza in una direzione univoca, innaturale. Opponendosi al comune orientamento di pensiero tradizionale, Nietzsche tenta di redimere la vita attraverso la vita stessa, non sostituendo cioè alle diverse teorie metafisiche sull'Essere un'altra teoria sull'Essere inteso come verità assoluta conoscibile, bensì demolendo la nozione metafisica di fondamento ultimo, andando oltre ogni pretesa concettuale di catturare tale fondamento e riconoscendo l'Essere come possibilità pura, immanente alla vita stessa intesa però nella sua essenza trascendente tutte le forme date. L'essere della vita, dunque, non è l'essere presente, bensì ciò che divenendo si crea nella sua essenza, mai pervenendo ad uno stato di quiete stabile e definitivo. "Il pensiero che pensa l'essere è per Nietzsche, soltanto uno strumento della vita che, nel suo continuo divenire, si crea il suo necessario orizzonte e che in quanto appunto divenire, si sottrae alla possibilità di essere pensato"[60]. "Nietzsche non pensa l'Essere come l'Essere dell'ente, ma come il divenire, come la realtà dionisiaca del gioco del mondo, che è costruire e distruggere insieme"[61]. Nietzsche, dunque, non perviene ad un'affermazione del mondo come totalità pienamente presente, datità, svelatezza, in quanto esso nella sua essenza è, come detto, pura immanenza di possibilità che accadono realizzandosi di volta in volta, ma già da sempre presenti come forme potenziali dell'essere. In tale concezione, infatti, non c'è spazio per il nuovo; il nuovo viene spogliato di consistenza ontologica e si riduce ad essere soltanto il non-conosciuto. Ciò che è nuovo, infatti, presuppone un atto creativo, dunque un'intenzionalità, dunque un essere dotato di volontà, quindi un principio personale trascendente, ma questo per Nietzsche, rappresenta ancora sempre un tentativo di antropomorfizzazione di tipo metafisico, cioè di una riduzione dell'Essere alle categorie e alle prerogative dell'ente. Nietzsche, invece, in riferimento all'Essere, sostituisce il concetto di creazione con quello di creatività, la quale nella sua concezione dell'Essere come volontà di potenza, rappresenta, come abbiamo detto, lo spontaneo accadere e realizzarsi di possibilità già da sempre determinate. Ogni evento che rappresenta una possibilità immanente all'Essere che si attua, è autonomo, ha valore in sé. Così come ogni centro di forza, ogni forma concreta di vita è organizzata secondo una certa struttura che comprende in potenza una determinata quantità di forme di espressione che ne attuano concretamente quella determinata quantità di potenza, di energia che la costituisce come questo specifico quanto di volontà di potenza. Ciascuna puntualizzazione di volontà è un costante centro di energia quantitativamente immutabile. L'essere è nella sua pura essenza possibilità è nella sua essenza attuata fenomeno. L'evento è inoltre improgrammabile, perché assolutamente spontaneo e dunque casuale. Il caso quindi viene a coincidere, come detto, con la necessità identificandosi col fato. L'Essere è, dunque, eventuale cioè possibilità.

La necessità è intrinseca all'Essere interpretato da Nietzsche come il possibile, in quanto ogni possibilità dell'Essere ha in sé la propria necessità ad accadere (in quanto non attuata attraverso l'intervento di un atto volontario, intenzionale esterno).

Identificando l'Essere con il possibile, sottraendolo ad ogni sforzo umano di razionalizzazione e di manipolazione, Nietzsche riscopre il carattere profondo, tragico essenziale della verità. La scoperta della vita come accadere di eventi che sfuggono ad ogni sforzo di comprensione da parte dell'uomo rappresenta lo scacco quindi dell'individuo nella sua dimensione progettuale. Nietzsche abolisce ogni teleologia dell'Essere volta alla conquista e alla realizzazione di uno stato ultimo, definitivo e introduce una nuova teleologia per la quale unico scopo dell'Essere è il suo stesso accadere, unico fine della vita è la sua realizzazione. La vita è volontà assoluta di sé, è fine a se stessa, per cui tutto ciò accade, in quanto fenomeno di essa, acquista senso per se stesso.

Nietzsche compie da una parte un tentativo di redenzione del mondo inteso come terra, come questa vita nella totalità delle sue manifestazioni, dalle forzature della "menzogna metafisica", attraverso l'assoluta rivalutazione del divenire inteso come accadere necessario, spontaneo di eventi, ciascuno autonomo in sé, ciascuno dunque dotato di un valore proprio specifico, e sostiene l'assoluta invalutabilità e dunque "innocenza" della vita in sé intesa come divenire e della vita intesa come singolo fenomeno, dall'altra parte però introduce nella sua teoria della conoscenza un criterio di giudizio selettivo e altrettanto rigido quanto quello tradizionale da cui ha tentato di svincolarsi.

Egli stabilisce, infatti, una gerarchia di valori di cui la volontà di potenza è l'elemento di discernimento: "Ciò che determina il rango, ciò che toglie il rango, sono unicamente delle quantità di potenza: e nient'altro"[62]. La gerarchia viene dunque da Nietzsche intesa come "ordinamento della potenza". Anche la morale fisiologica nietzscheana, dunque, si fonda su una struttura gerarchica, capovolta tuttavia rispetto a quella tradizionale metafisico-cristiana. A tale scala di valori, infatti, corrisponde (come nella tradizione metafisica) una gerarchia dell'Essere, una valutazione del grado dell'Essere della vita corrispondente al rispettivo rango di valori: "Impostando il problema dell'Essere essenzialmente come un problema del valore, rimane ancora nel binario di un'equazione ens=bonum"[63], solo che ora non è più l'idea di bene assoluto che rappresenta la misura dell'Essere della vita, bensì il grado di potenza proprio di un determinato centro di forza. Ciò che è giusto e val la pena di essere vissuto è ciò che maggiormente presenta le condizioni per la soddisfazione dell'aspirazione alla potenza. Tuttavia Nietzsche non dà un'unica interpretazione del concetto di potenza che acquista nella sua ottica un significato ambiguo. Non tutto ciò che è effettivamente potente appartiene a un rango elevato nella gerarchia dei valori, infatti "Nietzsche respinge alla fine il quantitativo di potenza come criterio; non la quantità è la cosa decisiva, ma la qualità. La "concezione meccanicistica" non ammette che quantità, mentre la forza sta nella qualità"[64].

Una potenza il cui valore è superiore può essere effettivamente impotente, mentre una di valore infimo può risultare dominante: "La volontà di potenza degli impotenti è una volontà di potenza diversa per essenza, che giudica la potenza in maniera dispregiativa"[65]. Nietzsche, dunque, proprio mentre vuole opporsi alle vecchie concezioni metafisiche fondate sull'equazione essere=valore morale, finisce per ricadervi secondo una prospettiva però capovolta. Così come si fonda su un criterio di valutazione morale, basato sulla preconcetta valorizzazione della dimensione esclusivamente "corporea", fisica della vita, ritenuta l'unica vera, la distinzione (ancora capovolta rispetto alla tradizione) tra una forma degenerata e decadente di vita e una forma piena, ricca di senso. Nietzsche stesso afferma: "Io distinguo tra un tipo di vita ascendente e un altro tipo di vita, quello della decadenza, della frammentazione"[66]. Non tutta la vita è vita per Nietzsche, dunque. Egli, infatti, finisce col cedere, come abbiamo visto, alla tentazione di introdurre un criterio selettivo nell'ambito della sua visione della vita. Egli cade nella contraddizione di giudicare la vita nella sua globalità attraverso la valorizzazione esclusiva di una dimensione parziale di essa. La vita viene assolutizzata nella sua manifestazione fisiologica, pulsionale, mentre le forme di espressione spirituali dell'animo umano rappresentate dalla morale, dalla religione, dall'aspirazione all'ideale incondizionato, vengono relegate da Nietzsche nella sfera dell'illusione, dell'apparenza. Mentre afferma la totale impossibilità di giudicare il carattere globale della vita, in quanto tale tentativo conclude necessariamente ad una forzatura concettuale antropomorfica, egli rileva il carattere ultimo della realtà nella volontà di potenza, forza plastica aspirante alla potenza, escludendo la possibilità di una dimensione trascendente rispetto a questa vita intesa come finito numero di possibilità, come energia invariabile nella sua quantità. Anche Nietzsche parte dunque nella sua riflessione, da una posizione non scevra di pregiudizi. "Egli osserva già partendo dal punto di vista del suo nuovo progetto di vita"[67]. E' possibile rilevare, a proposito della sua interpretazione critica della tradizione e della sua prospettiva teorica, un atteggiamento estremista e di stampo positivistico.

La sua indagine epistemologica, inoltre, si basa originariamente sullo stesso principio analitico deduttivo proprio del ragionamento scientifico che essa mira a decostruire, il principio cioè della scomposizione analitica del fenomeno osservato nei suoi elementi semplici, ultimi. Ciò rivela il carattere contraddittorio del procedimento genealogico nietzscheano non fondato su un metodo argomentativo obiettivo, verificato nei propri principi, ma le cui conclusioni sono già determinate a priori da un pregiudizio nei confronti dell'oggetto d'indagine. "Nietzsche, e questo lo distingue da tutti gli altri, nega la forza critica della riflessione con i mezzi e soltanto con i mezzi della riflessione stessa"[68]. Intendendo inoltre il trascendente come carattere fondamentale, essenza stessa della vita intesa come volontà di potenza, Nietzsche nega ogni possibilità di esistenza di una dimensione totalmente altra rispetto alla vita intesa come quantità finita e costante di possibilità di realizzazione. La trascendenza è un principio immanente alla vita stessa. Essa è ridotta da Nietzsche alla dimensione del possibile inteso non come alterità ontologica, novità, ma solo come il non-conosciuto già da sempre esistente. L'Infinito, l'altro viene ridotto alla dimensione del finito, l'Essere al livello dell'esistente non più inteso come presenza evidente, pienezza attuata, bensì come possibilità immanente. L'Essere, dunque, è ed esiste in quanto possibilità. Attraverso tale soluzione Nietzsche abolisce il tradizionale dualismo tra un mondo vero trascendente e un mondo apparente, in quanto trascendente e immanente si coappartengono: il trascendente, infatti, rappresenta la possibilità del reale e il reale l'attuazione, la realizzazione concreta del trascendente.

Esiste cioè un incessante movimento dal possibile al reale e dal reale di nuovo al possibile. Essi non si identificano mai pienamente, ma si coappartengono in una relazione dinamica di attuazione-trascendimento che non si conclude mai. Non esistono più un Essere e un divenire, ma esiste solo un divenire che è un Essere e un Essere che è un divenire. Essere e accadere sono entrambi il possibile.

"Il divenire che non è pensabile, è purtuttavia l'essere stesso; l'essere per noi è invece l'interpretazione che, di volta in volta, la vita (la volontà di potenza) si è creata come sua condizione"[69]. Lo spirito libero rappresenta per Nietzsche, la risposta, la redenzione dell'uomo dalla schiavitù paralizzante di una forma malata del nichilismo. Tale figura rappresenta la liberazione dall'angoscia della totale mancanza di senso, della consapevolezza della propria inconsistenza in quanto essere progettante, capace di condizionare liberamente e autonomamente la propria vita e il proprio agire. La libertà, la volontà, la creatività dello spirito libero non vanno intese secondo il loro significato tradizionale, bensì comprese secondo l'ottica in cui Nietzsche le concepisce. Abbiamo già visto, infatti, che in Nietzsche la vera libertà coincide con la realizzazione della propria natura in quanto creatività spontanea. La libertà più piena è dunque un lasciar accadere, esprimere ciò che si è veramente, la propria intima, necessaria natura, riconoscendosi niente più che un "frammento di fatum". L'uomo dunque crea nel senso pieno del termine quando agisce spontaneamente, cioè in modo personale e originale ascoltando la voce della propria natura, sottraendosi ai condizionamenti esterni. Questo è anche il significato della definizione dell'uomo nuovo come "creatore di valori". L'uomo crea il senso non in virtù di un atto volontario, frutto di una fantasmagorica e illusoria facoltà metafisica autonoma. La volontà non è causa, come abbiamo visto, ma già atto di un processo di realizzazione dell'impulso dominante. Non esiste la libertà in quanto libero arbitrio, bensì in quanto manifestazione spontanea del sé. L'uomo delibera e sceglie restando tuttavia inconsapevole del meccanismo, del processo attraverso cui si è determinata la sua decisione. Identificando ciò che è più proprio della natura dell'uomo nella sua dimensione corporea, Nietzsche, tuttavia, contraddice il suo ideale di realizzazione dell'uomo completo, dell'uomo inteso come un tutto, nella sua molteplicità di aspetti: lo spirito libero è libero in realtà solo per il proprio "corpo", luogo in cui gli si rivela la voce del suo essere in quanto volontà di potenza. All'ascetismo dello spirito proprio del cristianesimo, Nietzsche sostituisce un ascetismo del corpo, a cui corrisponde un nuovo sistema di valori, un nuovo concetto di virtù e un nuovo modello di uomo.

La sua prospettiva è dunque affetta da unilateralità proprio mentre si propone come la più aperta, la più completa. Demolendo a priori, attraverso una sommaria e arbitraria analisi psicologica, il valore dell'accezione tradizionale di concetti quali spirito, libertà, volontà, senso morale ecc ... , derivandoli da stati psicologici quali la paura e il senso di insicurezza e dall'istinto vitale indebolito e degenerato, Nietzsche perviene a una conclusione dogmatica e riduttiva della sua riflessione. Egli interpreta la tradizione secondo la propria prospettiva, cioè "riconduce alla volontà di potenza tutte le rappresentazioni delle verità tradizionali"[70]. La storia del pensiero intesa da Nietzsche come storia dei sistemi di valori creati dalla volontà di potenza, procede di pari passo con il processo di autorivelazione del nichilismo come destino dell'Essere, come sua essenza profonda. Ad ogni fase storica del movimento nichilistico della vita corrisponde un determinato grado di consapevolezza dell'Essere.

La metafisica in quanto tratto storico fondamentale, comune alla riflessione occidentale sull'Essere, rappresenta la fase in cui il nichilismo viene occultato, dimenticato nella sua essenza vera. La grande epoca della metafisica, che comprende in sé l'intera storia del pensiero occidentale da Socrate al tempo moderno nella varietà delle sue espressioni, rappresenta, per Nietzsche, secondo un'analisi che sarà propria in futuro anche di Heidegger (anche se da quest'ultimo formulata esplicitamente attraverso una riflessione storica sistematica) la riduzione dell'Essere alle categorie dell'ente, vale a dire il totale oblio dell'Essere stesso nel suo carattere proprio e altro rispetto all'ente. Anche Nietzsche come Heidegger crede di essere oltre tale prospettiva tradizionale, di rappresentare il punto di svolta innovativo del pensiero filosofico ontologico.

Anch'egli come Hegel, anche se in una prospettiva teoretica diversa, è convinto di rappresentare con la propria filosofia il culmine della consapevolezza della verità che ora non si rivela più nel presente pieno e compiuto dell'idea assoluta, bensì nel futuro della volontà di potenza finalmente consapevole di sé attraverso il superuomo. Tuttavia ciò che divide Nietzsche da Hegel e che non permette la riduzione della prospettiva filosofica nietzscheana all'ambito della metafisica tradizionale è il valore indefinito del principio ontologico della volontà di potenza nel suo complesso, il carattere ignoto, cioè, di essa nella sua essenza ultima, trascendente rispetto all'ente nella sua totalità di manifestazioni di volta in volta realizzate. Per Hegel la realtà è comprensibile concettualmente nel suo carattere complessivo, la volontà di potenza invece in quanto esperibile solo a livello esistenziale, resta oscura e indefinita nel suo contenuto. Essa è allo stesso tempo principio filosofico e principio religioso ineffabile, inesprimibile. Alla consapevolezza dell'Essere, propria della metafisica fondata sulla totale comunicabilità linguistica e su un metodo d'indagine sistematico della verità, Nietzsche sostituisce la consapevolezza "mistica" di un principio che non si svela nella pienezza della propria identità. Comunicandosi e allo stesso tempo tacendosi, rivelandosi e celandosi, la voce infinita dell'Essere richiama l'uomo ad una continua ricerca che è lo stimolo più autentico, l'origine e il fine veri della sua esistenza.

Per questi motivi è possibile parlare in riferimento a Nietzsche, di una nuova metafisica, di una metafisica cioè che per quanto rientri per alcuni aspetti nell'ambito della tradizionale accezione di metafisica, se ne allontana allo stesso tempo per il proprio carattere originale e peculiare di fondo, cioè per la sostanziale diversità del metodo e per la differente concezione della verità. L'ontologia nietzscheana rappresenta, dunque, una svolta anche se non totale, non completa.

Nietzsche resta, infatti, ancora legato per certi versi alla tradizione di cui cerca faticosamente di liberarsi. La sua è una diversità nella continuità; egli cioè non riesce a realizzare quella rottura definitiva che si era proposto, ma rappresenta sicuramente il tentativo di un nuovo approccio all'Essere, attuato, come è logico e come accade per tutto ciò che si pone immediatamente dopo una tradizione radicata, attraverso la reazione, ovvero il rovesciamento di prospettiva rispetto a quella confutata, ma anche attraverso la sperimentazione originale di un nuovo linguaggio, di nuovi orizzonti teoretici mediante anche l'ausilio di una buona dose di misticismo e di vaga religiosità il cui linguaggio si allontana dalle categorie metafisiche tradizionali.

Lo spirito libero, nel contesto di tale percorso verso un nuovo orizzonte filosofico, non risulta essere, come era intenzione del suo ideatore, l'uomo che salva il mondo dal nichilismo attraverso il suo sì incondizionato ad esso nella sua interezza e a se stesso, colui che redime la divina innocenza della vita attraverso il proprio traboccante amore per essa, ma si presenta come il nichilista dello spirito e il fanatico del corpo. Nietzsche scinde l'unità essenziale, la coappartenenza reciproca di anima e corpo in una nuova contrapposizione dualistica tra una realtà interiore vera e originaria, quella del corpo e una realtà interiore illusoria e derivata, quella dello spirito.

Lo spirito libero nega la propria spiritualità come aspetto essenziale del proprio animo e ne riduce la ricchezza e la profondità di aspetti a pura illusione, ne fraintende l'essenza, riducendola a pervertimento e degenerazione dell'unico istinto vitale.

L'uomo perde così la propria identità di uomo conquistata con il raffinamento progressivo ed il fecondo sviluppo delle proprie doti spirituali attraverso la cultura, e viene ricondotto al rango di animale in nome di una verità astratta e parziale che resta nel suo contenuto vaga e indeterminata in quanto non argomentata, bensì soltanto comunicata attraverso la seduzione di un linguaggio incisivo, a tratti oscuro ed enigmatico, ma pericolosamente efficace.

# NOTE.

[1] F. NIETZSCHE, "Al di là del bene e del male", tr. it. di F. Masini, Adelphi, Milano, 1964 e 1978, cit. p. 105.

[2] Ivi, cit. p. 107.

[3] Ivi, p. 108.

[4] F. NIETZSCHE, "Umano, troppo umano", vol. II, cit. p. 143.

[5] Cfr.: K. LÖWITH, "Nietzsche e l'eterno ritorno", tr. it. di S. Venuti, Laterza, Bari, 1982, pp. 142 e ss., M. HEIDEGGER, "Schelling", tr. it. di C. Tatasciore, a cura di E. Mazzarella e C. Tatasciore, Guida, Napoli, 1994, pp. 73 e ss.

[6] F. NIETZSCHE, "La volontà di potenza", cit. p. 334.

[7] Ibidem.

[8] Ivi, cit. p. 335.

[9] Ibidem.

[10] Ivi, cit. p. 343.

[11] F. NIETZSCHE, "Così parlò Zarathustra", tr. it. di M Montinari, Adelphi, Milano, 1968 e 1976, cit. p. 52.

[12] F. NIETZSCHE, "La volontà di potenza", cit. p. 392.

[13] Ibidem.

[14] Ivi, p. 511.

[15] Ivi, p. 530.

[16] Ivi, p. 534.

[17] F. NIETZSCHE, "Genealogia della morale", cit. p. 156.

[18] M. HEIDEGGER, "La sentenza di Nietzsche "Dio è morto"", in "Sentieri interrotti", tr. it. di P. Chiodi, La Nuova Italia, Firenze, 1977, cit. p. 200.

[19] Ivi, cit. p. 192.

[20] F. NIETZSCHE, "Al di là del bene e del male", cit. p. 185.

[21] F. NIETZSCHE, "Umano, troppo umano" vol. II, cit. p. 261.

[22] F. NIETZSCHE, "Umano, troppo umano", vol. I, cit. p. 187.

[23] F. NIETZSCHE, "La gaia scienza", tr. it. di M. Masini, Adelohi, Milano, 1965 e 1977, cit. p. 196.

[24] Ivi, p. 125.

[25] F. NIETZSCHE, "Aurora", cit. pp. 87-88.

[26] Ivi, cit. p. 87.

[27] F. NIETZSCHE, "La gaia scienza", cit. p. 195.

[28] Ivi, p. 197.

[29] F. NIETZSCHE, "Crepuscolo degli idoli", cit. p. 105.

[30] F. NIETZSCHE, "La volontà di potenza", cit. p. 375.

[31] F. NIETZSCHE, "La gaia scienza", cit. p. 197.

[32] Ibidem.

[33] Ibidem.

[34] F. NIETZSCHE, "Umano, troppo umano" vol. I, cit. p. 81.

[35] F. NIETZSCHE, "La volontà di potenza", cit. p. 338.

[36] Ivi, cit. p. 390.

[37] Ivi, p. 389

[38] F. NIETZSCHE, "La gaia scienza", cit. p. 164.

[39] Ibidem.

[40] F. NIETZSCHE, "Così parlò Zarathustra", cit. p. 71.
[41] Ivi, p. 140.
[42] F. NIETZSCHE, "La volontà di potenza", p. 512.
[43] F. NIETZSCHE, "La gaia scienza", cit. p. 186.
[44] F. NIETZSCHE, "Così parlò Zarathustra", cit. p. 95.
[45] F. NIETZSCHE, "Al di là del bene e del male", cit. p. 120.
[46] F. NIETZSCHE, "Così parlò Zarathustra", cit. p. 233.
[47] F. NIETZSCHE, "Crepuscolo degli idoli", cit. p. 53.
[48] F. NIETZSCHE, "La volontà di potenza", cit. p. 386.
[49] Ivi, p. 561.
[50] Ibidem.
[51] Ivi, p. 340.
[52] Ivi, p. 346.
[53] K. JASPERS, "Nietzsche. Introduzione alla comprensione del suo filosofare", tr. it. di L. Rustichelli, Mursia, Milano, 1996, cit. p. 333.
[54] F. NIETZSCHE, "Frammenti postumi", tr. it. di S. Giammetta, in "Opere", vol. VIII, tomo I, cit.p.213.
[55] F. NIETZSCHE, "Aurora", cit. p. 99.
[56] F. NIETZSCHE, "Frammenti postumi", tr. it. di S. Giammetta, in "Opere", vol. VIII, tomo I, cit.p.31.
[57] Cfr.: MARTIN HEIDEGGER, "Nietzsche", tr. it. di F. Volpi, Adelphi, Milano, 1994, vol. II, pp. 745 e ss.
[58] E. FINK, "La filosofia di Nietzsche", cit. p. 164
[59] Ivi, p. 194.
[60] K. JASPERS, "Nietzsche. Introduzione alla comprensione del suo filosofare" Mursia, cit. p. 276.
[61] E. FINK, "La filosofia di Nietzsche", cit. p. 201.
[62] F. NIETZSCHE, "La volontà di potenza", cit. p. 469.
[63] E. FINK, "La filosofia di Nietzsche", cit. p. 178.
[64] K. JASPERS, "Nietzsche", cit. p. 276.
[65] Ivi, p. 277.
[66] F. NIETZSCHE, "La volontà di potenza", cit. p. 469.
[67] E. FINK, "La filosofia di Nietzsche", cit. p. 165.
[68] J. HABERMAS, "Conoscenza e interesse", tr. it. di G. E. Rusconi, Laterza, Roma-Bari, 1990, cit. p. 290.
[69] K. JASPERS, "Nietzsche", cit. p. 318.
[70] E. FINK, "La filosofia di Nietzsche", cit. p. 162.

# CAPITOLO TERZO

## L'INTERPRETAZIONE DELL'ETERNO RITORNO DELL'UGUALE NELLA PROSPETTIVA DELL'ATTIMO DELLA DECISIONE.

§ 1.     *Il problema dello stare autentico nel nichilismo come problema del senso del tempo.*

Nell'ambito della riflessione nietzscheana sul nichilismo, grande rilievo viene ad acquistare nell'ultima fase del suo pensiero il problema del tempo.

Nietzsche affronta tale secolare questione nell'ottica del suo progetto filosofico volto fin dall'inizio alla ricerca di un senso profondo da attribuire all'esistenza umana coerentemente tuttavia con la verità tragica del nichilismo rivelatosi come stato normale, condizione originaria ineludibile di ogni esserci.

Come reggere in modo autentico la propria strutturale nullità ontologica è il problema cruciale della speculazione filosofica nietzscheana, il filo conduttore di tutta la sua opera. Al centro dell'interesse di Nietzsche ci sono l'uomo e la vita intesa come vissuto, non come categoria astratta. Ciò che rende davvero autentico l'approccio filosofico nietzscheano, indipendentemente dalla validità delle sue soluzioni, è l'impegno esistenziale, il pathos con cui egli conduce la sua riflessione. Nietzsche si sottrae al consueto intellettualismo sterile e pretenzioso proprio di molta filosofia accademica e si immerge totalmente nel suo progetto, vivendo la propria vocazione all'impegno speculativo come una missione, come un compito verso l'umanità e la vita stessa. E' per questo che il messaggio nietzscheano è un messaggio di vita, rivolto non al pubblico austero dei dotti accademici, bensì all'uomo, e precisamente all'uomo futuro.

Nietzsche mira dunque ad un coinvolgimento passionale, esistenziale del suo interlocutore.

Lo dimostra anche lo stile espressivo che egli sceglie, avulso dal tecnicismo freddo e tortuoso del linguaggio propriamente filosofico. Egli non vuole argomentare, persuadere l'intelletto, rifugge la chiarezza dialettica, la spiegazione esaustiva e sceglie uno stile letterario fatto di rapide battute incisive in cui non si esprimono concetti, bensì stati d'animo, intuizioni. "Lo stile deve dimostrare che si crede ai propri pensieri, che essi vengono da noi non solo pensati, ma anche sentiti"[1].

L'aforisma nietzscheano è come un colpo di fulmine che squarcia il velo superficiale del concetto e penetra nelle nascoste pieghe della sensibilità, vibrando le corde delle emozioni più radicali, più profonde. Il carattere oscuro, enigmatico, spesso ostico e contraddittorio della sua poesia rispecchia fedelmente l'essenza della difficile materia della sua indagine: la vita, l'uomo, il mondo del vissuto nella sua integralità che non può essere descritto, ma solo trasfigurato in immagine, comunicato mediante il linguaggio simbolico, metaforico della poesia nella cui immediatezza espressiva si comunica l'inesprimibilità dell'intuizione.

La mancanza di ordine sistematico del suo metodo speculativo non è dunque casuale, ma consapevolmente voluta da Nietzsche coerentemente con il senso delle sue affermazioni. E' da rilevare in tutto il percorso filosofico nietzscheano e nell'evolversi del suo stile una coerenza e una continuità che si esprimono nella ripresa e nello sviluppo originale di temi presentati attraverso uno stile sempre più maturo e personale. Non ci sono rotture, brusche inversioni di prospettiva nell'arco dell'intero iter speculativo nietzscheano, ma ogni fase rappresenta un ampliamento, un arricchimento, uno svolgersi più completo di una posizione filosofica sicura e consapevole fin dall'inizio.

La concezione dell'eterno ritorno rappresenta in tale contesto il compimento coerente del progetto speculativo di Nietzsche, della sua ricerca di un senso vissuto di fronte alla tragica verità del nichilismo. In essa Nietzsche affronta l'aspetto più propriamente teoretico del problema del nichilismo, ciò che ne costituisce la logica intrinseca: il tempo. L'essenza, il carattere fondamentale del nichilismo, infatti, è la sua costitutiva struttura temporale. Il tempo inteso come temporalità cioè come struttura originaria dell'esserci esposto all'incessante transitare da uno stato in un altro, al perenne flusso del divenire.

Il tempo, in quanto cioè tempo lineare, irreversibile travolgersi di attimi anonimi votati al nulla costituisce il modo di esistere naturale di ogni esserci.

Ogni ente vitale è affetto cioè dalla propria temporalità, dal proprio essere sospeso sull'abisso del nulla esistenziale, strappato irrimediabilmente da ogni fondamento metafisico, travolto dal proprio destino ineluttabile di morte. L'uomo affonda le proprie radici nel nulla da cui egli cerca disperatamente di redimersi, cercando di trovare un senso per la propria esistenza. Nell'ambito di tale ricerca a cui l'uomo è originariamente chiamato ha origine la domanda fondamentale del filosofare autentico: la domanda sul senso. E' a questa domanda che Nietzsche vuol trovare risposta, una risposta tuttavia non banale e consolatoria che eluda il problema e risospinga il pensiero nell'immaginazione e nell'illusione, bensì una risposta consapevole che resti fedele alla verità ineludibile della vita, che la sappia reggere divenendo esperienza vissuta, rinnovamento autentico e concreto dell'esistenza del singolo nella sua interezza. La domanda del senso diviene dunque la ricerca del senso del tempo.

Occorre quindi interpretare il tempo secondo una diversa prospettiva, osservare il divenire in un'altra ottica, redimere il tempo dalla sfera della mera durata, considerarlo al di là del suo aspetto cronologico.

## § 2.  *La concezione nietzscheana del tempo come eterno ritorno dell'uguale.*

In tale contesto il superamento del cristianesimo in quanto dottrina nichilista mortificatrice della vita, si inquadra anche nell'ambito del progetto nietzscheano del superamento della prospettiva lineare del tempo riduttiva rispetto alla complessità di valenze proprie della rappresentazione del tempo stesso, e concezione fondamentale su cui si fonda l'escatologia cristiana della vita eterna, fondamento di un atteggiamento nichilista inautentico e passivo nei confronti della vita. La morte di Dio rappresenta dunque anche un cambiamento di prospettiva sul tempo non più inteso come segmento di vita compreso tra un inizio e una fine al di là del quale si apre lo spazio infinito, senza dimensioni dell'eternità, bensì come perenne movimento circolare reversibile di attimi eterni che accadono secondo l'oscura e necessaria logica del caso.

Tale concezione nietzscheana del tempo risulta pienamente coerente con le tesi sviluppate nell'arco del suo precedente percorso speculativo: Nietzsche, infatti, come abbiamo visto, rifiuta l'ipotesi di una creazione del mondo, di un inizio e di una fine di esso e nullifica ogni possibilità di esistenza di un fondamento metafisico eterno, trascendente rispetto al mondo. Per Nietzsche il mondo stesso è eterno e in quanto esso, come già detto, è nel suo essere profondo divenire, il tempo stesso è eterno. Ora, poiché il tempo è costituito da tre dimensioni: il passato, il presente e il futuro, ognuna di esse risulterà essere eterna e dunque verrà a coincidere con ciascuna delle altre.

Il passato, infatti, essendo eterno, non può propriamente essere passato, in quanto ciò che è passato non è più, dunque esso deve essere sempre attuale, seppur soltanto come potenzialità.

Anche il presente e il futuro sfondano i loro confini e si incontrano nello spazio della loro costitutiva infinità in cui trapassano l'uno nell'altro liberamente.

Il tempo in tale prospettiva perde la sua rigida unidirezionalità. Esso cioè scorre non più solo in avanti, bensì avanti e indietro in un perenne flusso che assorbe in sé ogni limite. Esso diviene l'aperto in cui si manifesta il gioco del caso come accadere di eventi eterni che periodicamente ritornano ad attuarsi come forme concrete dell'Essere e in seguito, trascinate dalla necessità della ruota del divenire, tornando ad essere passato, ma in quanto eterni, come potenzialità di un rinnovato eventualizzarsi futuro. In tale ottica passato, presente e futuro risultano essere soltanto prospettive di un'eternità sempre attuale in quanto dimensione originaria dell'Essere inteso come possibilità. Il prospettivismo temporale ha origine nel modo di percepire il tempo da parte dell'uomo. Ciò che dal punto di vista dell'Essere è sempre attuale ora come possibilità, ora come forma concreta, in quanto l'Essere è il punto di vista della totalità assoluta del tempo con cui esso coincide e costituisce un'unità eternamente diveniente, viene esperito dall'uomo nell'ordine della successione.

L'esperienza del tempo da parte dell'uomo è strettamente connessa con il suo strutturale modo di pensare secondo il prima e il poi. L'uomo concepisce il tempo secondo l'ordine della successione, in quanto la consapevolezza ordinaria che egli ne ha è determinata dalla superficiale valutazione dell'intelletto. Al tempo "intellettuale" tuttavia non corrisponde un tempo reale. La fede in una tale corrispondenza è. per Nietzsche, un'illusione. "Il cosiddetto tempo è un mera astrazione, che non è né oggettivamente esistente, né un modo di rappresentare necessario e originario del soggetto"[2].

Il tempo inteso come successione irreversibile di momenti separati tra loro attraverso la distinzione di passato, presente e futuro in realtà, (sempre in riferimento alla concezione del tempo inteso non come categoria della vita considerata nella sua naturalità biologica, bensì come struttura ontologica, modo di essere originario della vita in quanto volontà di potenza) non esiste. Tale distinzione è il mero prodotto di un calcolo. Essa risulta dal trasferimento sul piano della realtà oggettiva da parte dell'uomo di proprie categorie di misurazione necessarie per ordinare la realtà secondo le nostre esigenze. Il fondamento stesso del metodo scientifico e del tradizionale metodo cristiano-metafisico di approccio alla realtà, cioè il principio di causa-effetto si basa sul pregiudizio concettuale di un successione irreversibile da un prima a un poi.

L'uomo è costretto a pensare secondo la logica della successione; egli cioè non può afferrare concettualmente l'unità, la totalità immediata originaria di un fatto, di un fenomeno, della realtà stessa, in quanto il pensiero è strutturalmente analitico, non sintetico. La sintesi concettuale non è mai consapevolezza originaria, bensì sempre mediata. Essa cioè è sempre a posteriori, risultato di un'interpretazione, di una composizione secondo un ordine "logico" di diversi fattori. Tuttavia Nietzsche non riduce kantianamente tutto il tempo a categoria della soggettività, a strutturale modo di interpretare i fenomeni proprio dell'uomo, al contrario, attraverso la sua originale tesi, compie un tentativo di sottrarre il tempo stesso all'aridità della mera calcolabilità, alla rigidità di un ordine irreversibile fatale ineluttabile per restituirgli la pienezza della sua dimensione autentica. Nietzsche tenta di recuperare il senso della totalità del tempo in quanto struttura ontologica della vita intesa come volontà di potenza. Nell'ambito di una tale concezione la durata stessa acquista un valore nuovo, un significato originale: essa diviene cifra dell'eternità, luogo della manifestazione di essa. Il concetto di eternità acquista ora nella prospettiva nietzscheana, carattere dinamico, attivo. Essa viene a permeare concretamente il tessuto vitale dell'esserci, non è più concepita come dimensione astratta, estranea al tempo, trascendente rispetto ad esso, ma viene intesa come l'essenza stessa del tempo. Il divenire stesso è valutato ora in quanto accadere eterno di attimi eterni, esso non viene annullato, negato nella sua essenza dinamica, bensì interpretato in una prospettiva diversa il cui criterio fondamentale è la ricerca del senso. In tale ottica il movimento temporale sfonda il limite della durata lineare, proiettandosi nello spazio infinito dell'eterno ove ciascun istante, anonimo punto indistinto sulla linea del tempo, trascinato in avanti verso il proprio annullamento definitivo, acquista profondità nello spazio del tempo divenuto movimento circolare, non nel senso riduttivo di una successione irreversibile da un prima a un poi, non dunque in quanto cerchio, cioè, grecamente, ritorno perenne di un inizio fondante, bensì in quanto sfera in cui passato, presente e futuro si muovono in circolo in tutte le direzioni liberamente venendosi ad incontrare in uno spazio senza confini, assolvendosi dalla propria finitezza e divenendo ciascuno di essi eternità, totalità infinita, dove ciascun istante è un anello a tre dimensioni di un anello più grande in cui si muove spontaneamente accadendo per propria intrinseca necessità nel gioco eterno del caso che muove l'eterna ruota dell'Essere, la totalità di tutte le totalità temporali. Ciascuno di tali attimi comprende in sé la pienezza del tempo nella sua totalità; esso è il tempo intero che accade come caso. Eterno ritorno dell'uguale vuol dire nel suo significato profondo e originario, ripetizione, ma non ripetizione come ridivenire attuale del passato inteso come distinto e autonomo spazio di tempo, bensì ritorno di una totalità temporale compiuta nella sua pienezza tridimensionale che in quanto compiuta in sé è tempo assoluto, istante in cui tutto il tempo si attua.

In ogni istante il tempo torna a compiersi come totalità nella propria pienezza. Ciascun istante in quanto totalità eterna e allo stesso tempo temporale, cioè costituzionalmente dinamica, non può che tornare. Ciascun attimo rappresenta il compimento dell'intero circolo del tempo che diviene nella sua interezza, presente come quell'istante; in esso la totalità dell'Essere si attua come quel fenomeno nella cui manifestazione si realizza il paradosso di un'unione tra il particolare e l'assoluto, tra il contingente e l'eterno. Attraverso la teoria dell'eterno ritorno dell'uguale Nietzsche porta a compimento definitivo il proprio tentativo di redimere il divenire da ogni concezione temporale nichilistica, attraverso il conferimento di un senso compiuto e di un valore autonomo a ciascun evento.

Identificando ora ciascun evento come totalità temporale compiuta, ciclo eterno nell'eterno circolo dell'Essere, infatti, Nietzsche spezza la continuità, la logica della dipendenza di un evento dall'altro secondo la causalità che incatena il presente al passato e il futuro al presente e conferisce autonomia e identità ontologica a ciascun fenomeno temporale. Non è più il principio di causa-effetto che determina l'accadere, bensì il caso che costituisce allo stesso tempo il principio intrinseco stesso in base a cui ciascun fenomeno spontaneamente accade.

Ogni evento possiede in sé, in virtù della propria eternità, la propria intrinseca necessità ad accadere. Ogni evento, dunque, si attua liberamente in virtù esclusivamente di se stesso e per se stesso soltanto. Esso ha cioè come unico fine della propria realizzazione soltanto se stesso cioè il proprio fenomenizzarsi. L'eterno ritorno è l'eventualizzarsi stesso dei singoli eventi nel modo appunto della ripetizione. Esso è cioè la legge generale dell'Essere che coincide allo stesso tempo con il caso e la necessità e si identifica nell'assoluta libertà dell'accadere inteso come ciclo totale dei singoli cicli temporali, come ciclo di casi, di combinazioni d'Essere.

Questo tempo "sferico" a tre dimensioni, assolto dal doloroso legame della contingenza, del determinismo unidirezionale, assorbe in sé dunque la trascendenza dell'eternità e riconquista l'antica originaria unità con essa, spezzata dall'avvento del platonismo e del cristianesimo, anche se in una prospettiva diversa e in un certo senso "moderna". Tale ritorno da parte di Nietzsche ad una visione greca arcaica del tempo in quanto eterno ritorno dell'uguale, presenta una forte componente innovativa per il nuovo ruolo attivo, decisivo che viene a guadagnare l'individuo rispetto alla nuova verità del tempo, e per l'essenziale intreccio tra la concezione dell'eterno ritorno e quella della volontà di potenza: infatti per Nietzsche, la totalità del tempo è il modo in cui l'Essere in quanto volontà, vuole e così si rivela. "La volontà di potenza dice che cosa l'ente "è", cioè in quanto che cosa esercita potere (in quanto potenza). L'eterno ritorno dell'uguale nomina il come, il modo in cui l'ente ha un tale carattere di "che cosa è", nomina la sua fattualità nell'insieme, il suo "che esso è""[3].

L'Essere come volontà è immanente al tempo. In esso la volontà si identifica, si individua, si riconosce nella propria essenza, acquista coscienza di sé.

La storia è il luogo in cui la volontà in quanto volontà assoluta che non vuole nulla in particolare, ma vuole volere, cioè vuole se stessa, realizza la sua essenza come continuo trascendimento e superamento di sé attraverso l'opposizione, il movimento dialettico dell'individuazione che è lotta degli enti finiti posti da essa stessa come quanti di volontà finita.

Nel tempo la volontà universale realizza la propria aspirazione alla potenza che non conosce sosta e non ha meta definitiva, ma è un processo continuo e diviene consapevole di sé come realtà che tutto comprende in quanto tutto può e realizza in sé, come l'unità dei contrasti, l'essenza comune di tutto ciò che è. "Tutti gli esseri non sono che ESERCIZI PREPARATORI della unificazione, ASSIMILAZIONE degli opposti"[4]. In quanto l'essenza della volontà è il movimento (volontà assoluta è movimento assoluto), per realizzarsi essa ha bisogno del tempo in quanto esso è strutturalmente movimento. Il tempo è per Nietzsche, dunque, la struttura stessa della volontà, la sua essenza.

La volontà come vita assoluta si identifica con la totalità del tempo. Nietzsche presenta la dottrina dell'eterno ritorno dell'uguale sotto una duplice prospettiva: in un senso, quello per lui più profondo e autentico, essa coinvolge la realtà esistenziale dell'uomo, in un altro senso esprime una nuova teoria cosmologica e il coronamento della sua riflessione teoretica sull'Essere. L'eterno ritorno e, nel suo riguardo alla vita umana, in quanto concepito a partire dall'attimo della decisione, occasione di salvezza esistenziale, prospettiva religiosa di senso, nel suo riguardo alla vita totale, come tempo del mondo, il modo necessario in cui la vita stessa si attua, in quanto volontà di potenza che vuole esclusivamente se stessa e dunque la propria ripetizione, il gioco totale del ritorno perenne delle stesse cose.

## § 3. *L'attimo della decisione: l'uomo di fronte alla consapevolezza dell'eterno ritorno dell'uguale.*

"Che accadrebbe se, un giorno o una notte, un demone strisciasse furtivo nella più solitaria delle tue solitudini e ti dicesse: "Questa vita, come tu ora la vivi e l'hai vissuta, dovrai viverla ancora una volta e ancora innumerevoli volte, e non ci sarà in essa mai niente di nuovo, ma ogni dolore e ogni piacere e ogni sospiro, e ogni indicibilmente piccola e grande cosa della tua vita dovrà fare ritorno a te, e tutte nella stessa sequenza e successione - e così pure questo ragno e questo lume di luna tra i rami e così pure questo attimo e io stesso. L'eterna clessidra dell'esistenza viene sempre di nuovo capovolta e tu con essa, granello di polvere! ". Non ti rovesceresti a terra, digrignando i denti e maledicendo il demone che così ha parlato? Oppure hai forse vissuto una volta un attimo immenso, in cui questa sarebbe stata la tua risposta: "Tu sei un dio e mai intesi cosa più divina? ". Se quel pensiero ti prendesse in suo potere, a te, quale sei ora, farebbe subire una metamorfosi, e forse ti stritolerebbe; la domanda per qualsiasi cosa: "Vuoi tu questo ancora una volta e ancora innumerevoli volte? " graverebbe sul tuo agire come il peso più grande! Oppure quanto dovresti amare te stesso e la vita, per non desiderare più alcun'altra cosa che questa ultima eterna sanzione, questo suggello?"[5].

In questo aforisma contenuto nel volume della "Gaia scienza" in cui Nietzsche presenta per la prima volta la sua nuova concezione dell'eterno ritorno dell'uguale, sono presenti in nuce gli elementi fondamentali della dottrina nietzscheana del tempo, poi ripresi e sviluppati nel "Così parlò Zarathustra". In queste due opere fondamentali Nietzsche sviluppa la propria riflessione sull'eterno ritorno in rapporto al suo significato per l'esistenza dell'uomo. In esse cioè l'eterno ritorno viene presentato alla luce dell'esperienza profonda che ne fa l'uomo nell'ambito del suo vissuto esistenziale e delle conseguenze che tale nuova scoperta procura alla sua esistenza concreta. Per comunicare il proprio nuovo messaggio che coinvolge radicalmente l'individuo nella totalità del suo vissuto, Nietzsche adopera un registro linguistico che punta al coinvolgimento emotivo immediato del suo interlocutore a cui egli si rivolge direttamente attraverso la seduzione di un lessico in cui ciascun termine scolpisce nell'animo del lettore un'immagine viva, concreta al cui centro è il lettore stesso in quanto protagonista di un evento che mette in gioco la sua esistenza stessa. Nietzsche stesso dice: "quanto più è astratta la verità che si vuole insegnare, tanto più bisogna prima di tutto sedurre i sensi perché la colgano"[6].

Sin dal primo momento, dunque, la teoria nietzscheana del tempo viene esposta nel suo significato più profondo in quanto esperienza autentica da parte dell'uomo della verità e del senso della propria esistenza. Essa acquista importanza fondamentale in quanto origine di un mutamento profondo che pone l'uomo in un rapporto finalmente vero e responsabile con se stesso e con il mondo. La redenzione del tempo inteso come temporalità dell'esserci, come pienezza del vissuto, totalità dei momenti passati, presenti e futuri dell'esistenza del singolo si realizza dunque nella prospettiva del senso. Scopo ultimo del filosofare nietzscheano è, anche in quest'ultima fase del suo pensiero, sottrarre il singolo al pericolo della paralisi di fronte alla scoperta della tragicità della verità sul proprio essere il cui suggello ultimo è la scoperta della propria condizione temporale di frammento del circolo del tempo eterno, condannato a ritornare sempre uguale a se stesso eternamente. Tale rivelazione sull'eterna ripetizione dell'esserci rappresenta l'ultima sanzione della nullificazione ontologica dell'uomo in quanto fondamento della propria attività progettante, dotato della capacità di creare il nuovo, di plasmare il proprio futuro inteso come il non ancora esistente. Nulla vi è di nuovo, tutto accade da sempre secondo la legge del ritorno ciclico. Tutto ciò che è e sarà è già stato e continuerà ad essere. Tuttavia rispetto a tale interpretazione soltanto superficiale della verità dell'eterno ritorno, Nietzsche propone un modo di intenderla più profondo, più autentico (secondo il filo conduttore che orienta tutta la sua riflessione e che è l'interpretazione del senso), ribaltando tale prospettiva iniziale e rendendola non già causa di una totale paralisi vitale, origine di un atteggiamento passivo e rinunciatario nei confronti dell'esistenza, bensì al contrario sorgente di vita vera, di profondo rinnovamento esistenziale, rivelazione del significato autentico, pieno della vita. Nel breve spazio dell'aforisma summenzionato viene implicitamente ribadito da Nietzsche il principio che aveva ispirato la sua riflessione antropologica nel periodo medio della sua speculazione: il prospettivismo; la verità esperibile attraverso molteplici punti di vista. E' possibile cioè interpretare la verità stessa, porsi di fronte ad essa in modo creativo. Tale convinzione viene rispettata da Nietzsche nella scelta di una rappresentazione simbolica della sua verità (particolarmente efficace nel testo fondamentale per la comprensione della dottrina nietzscheana dell'eterno ritorno, il "Così parò Zarathustra") che ne rispecchia il carattere enigmatico e spinge alla riflessione, ad andare oltre il significato letterale del testo per coglierne intuitivamente il senso profondo. Sciogliere l'enigma della verità vuol dire, dunque, interpretare il linguaggio umano della narrazione simbolica come cifra di un linguaggio più profondo di cui esso è soltanto la trasfigurazione metaforica, un linguaggio che trascende ogni significatività concettuale e si comunica nel silenzio dell'ascolto interiore. Così ogni simbolo con cui Nietzsche esprime il proprio messaggio di verità vuol rimandare a una dimensione più profonda della comprensione della verità stessa rispetto a cui la narrazione poetica rappresenta soltanto un lieve, provvisorio accenno, un richiamo a porsi in ascolto paziente di un linguaggio più originario, più eloquente che non si esprime né attraverso parole, né attraverso simboli, bensì nell'immediatezza dell'intuizione, nella pienezza del sentimento.

Tanto più profonda è la sensibilità dell'individuo, tanto più autenticamente gli parlerà l'Essere. A ciascuna prospettiva sulla verità corrisponde un diverso modello di vita, una forma di esistenza peculiare secondo il criterio nietzscheano della corrispondenza tra vita e conoscenza, tra interpretazione e azione: ognuno si costituisce come una determinata prospettiva di vita secondo il proprio modo di essere, in base cioè alla propria natura profonda. Ognuno vive ed esperisce secondo ciò che egli necessariamente è.

La dottrina dell'eterno ritorno nella sua valenza antropologica rientra coerentemente nel contesto del discorso nietzscheano sul prospettivismo.

L'alternatività al punto di vista debole e rassegnato del "nichilismo passivo" che conferisce alla verità del ritorno un significato deterministico di ineluttabilità viene presentata da Nietzsche nell'ambito di una riflessione sul tempo esistenziale nel suo potenziale valore kairologico.

Cardine di tale prospettiva sul tempo volta al recupero del senso del tempo stesso sottratto alla vuotezza e alla superficialità delle concezioni storiche tradizionali di esso inteso ora come processo lineare strutturalmente nullo, ora come cerchio meccanicamente ritornante su se stesso, è la concezione dell'attimo in quanto "attimo immenso" in cui il dolore profondo della finitezza si redime nell'amore intenso per la vita che spinge l'individuo a desiderare perfino "quest'ultima eterna sanzione, questo suggello" dell'eternità del circolo del tempo. Ma chi è quest'individuo a cui Nietzsche vuol insegnare la propria nuova "abissale verità", la più profonda e allo stesso tempo la più oscura, la più difficile. Chi è veramente, per Nietzsche, in grado di intuire e sentire dentro di sé il mistero della vita, di sciogliere l'enigma dell'esistenza.

Chi risponderà al suo appello in nome della vita e dell'uomo? Ancora una volta colui "che può osare di concedersi tutto l'orizzonte e tutta la ricchezza della naturalità che per questa libertà è forte abbastanza; l'uomo tollerante non per la debolezza, ma per la forza, perché sa usare a suo vantaggio ciò di cui perirebbe una natura media"[7].

A costui Nietzsche indica la strada per una vita, nella sua ottica, finalmente libera e ricca di senso, una vita che valga la pena di essere vissuta.

L'eterno ritorno nella prospettiva dell'attimo della decisione fornisce l'ultima sanzione, lo svelamento compiuto e definitivo del senso della libertà.

Il lungo e faticoso percorso della liberazione della libertà per se stessa iniziato con la morte di Dio nell'assolvimento dai vincoli del passato, proseguito nel prospettivismo della filosofia del mattino con la riconquista da parte dello spirito libero della propria individualità affermata nella sua essenza creativa in quanto volontà di potenza, principio autocentrico di posizione di valori propri, si conclude nella riconciliazione della libertà individuale con la necessità del tutto, nell'amore profondo per la vita, nell'ascolto del richiamo innato nell'uomo verso la totalità.

Il secolare problema filosofico del conflitto tra libertà e necessità risolto nell'antichità con la sottomissione totale dell'uomo al proprio destino e nella modernità a totale vantaggio dell'individuo sciolto del tutto da ogni condizionamento che non sia il risultato di una sua scelta volontaria, trova in Nietzsche una soluzione originale e allo stesso tempo in linea di continuità con le precedenti teorie.

Nietzsche si propone di conciliare il determinismo della prospettiva greca, rievocata attraverso la riassunzione della concezione circolare del tempo, e l'assolutizzazione moderna della libertà chiamata in gioco attraverso l'importanza attribuita al momento fondamentale della decisione personale nell'ambito della sua nuova concezione dell'eternità.

Fondamentale per la comprensione del concetto nietzscheano di eternità nella prospettiva dell'esistenza umana è la terza parte del "Così parlò Zarathustra".

Nei capitoli "La visione e l'enigma" e "Il convalescente" viene ripresa in maniera esplicita la contrapposizione tra la posizione inautentica del "nichilismo passivo" di fronte alla verità dell'eterno ritorno e quella autentica del "nichilismo attivo". Ancora una volta l'elemento discriminante tra le due prospettive è l'attimo, nella "Gaia scienza" presentato come luogo della rivelazione della "divinità" della nuova verità, istante della trasfigurazione dell'intera esistenza dell'uomo, luogo della metamorfosi della volontà che si libera dal proprio rancore verso ciò che essa vive inautenticamente come una necessità insormontabile esterna opposta al suo illimitato desiderio di affermazione di sé, alla propria riconquistata libertà, e si redime nel suo profondo amore per la vita che anzi grazie a tale rivelazione ottiene la sua "eterna sanzione", il suo "ultimo suggello". L'attimo si presenta così come il luogo della suprema riconciliazione dell'uomo con la totalità; la libertà dell'individuo ritrova le sue radici nella necessità del tutto, nel vissuto di un istante immenso, nell'esperienza religiosa trasfigurante dell'amore.

A partire dalla "visione e l'enigma" e per tutta la terza parte dello Zarathustra, Nietzsche sviluppa il tema dell'attimo e della sua stretta connessione con il tema dell'eternità, ponendo maggiormente l'accento sul ruolo dell'uomo di fronte alla rivelazione dell'eterno ritorno, nell'attimo profondo dell'intuizione.

Nietzsche ricorre ancora una volta all'immagine, alla narrazione simbolica. Nella prima parte del capitolo appare in primo piano il tema dell'eternità del tempo, rappresentata dall'immagine di una porta carraia nella cui visione Zarathustra in compagnia del nano, s'imbatte: "Guarda questa porta carraia! Nano! Continuai: "essa ha due volti. Due sentieri convengono qui: nessuno li ha mai percorsi fino alla fine. Questa lunga via fino alla porta e all'indietro: dura un'eternità. E quella lunga via fuori della porta e in avanti - è un'altra eternità.

Si contraddicono a vicenda questi sentieri; sbattono la testa l'un contro l'altro: e qui, a questa porta carraia, essi convengono. In alto sta scritto il nome della porta: "attimo""[8].

Dinanzi alla porta carraia Zarathustra riflette in dialogo col nano sul significato della visione. Profondamente differenti sono le interpretazioni del profeta e del nano di fronte alla misteriosa apparizione. Il nano rappresenta la limitatezza e la superficialità di un'interpretazione retorica e banale della verità della visione che si limita alla constatazione esteriore della circolarità del tempo, inteso come ritorno meccanico di tutte le cose. A tale soluzione Zarathustra si oppone indignato, sottolineando la leggerezza dell'atteggiamento del nano e la sua incapacità a cogliere il senso profondo di ciò che ha visto.

Non è il ritorno in sé, il circolo del tempo, la totalità quantitativa dei suoi singoli momenti sempre ricorrenti a rappresentare la verità profonda che l'enigma della porta carraia vuol comunicare, ma il significato vero del messaggio della visione risiede nel valore dell'attimo, punto infinito in cui l'eternità del passato e del futuro si incontrano identificandosi l'uno con l'altro, divenendo attuali come presente eterno. Nietzsche dice: "L'istante in cui ho generato il ritorno è immortale. Per amore di questo istante io sopporto il ritorno"[9]. La profondità di senso dell'istante della concezione del ritorno per l'esistenza umana, redime in sé ogni ritorno anche delle cose più insignificanti e meschine. Il ritorno in sé, dunque, si giustifica e viene accettato nell'ottica nietzscheana, solo in quanto condizione della ripresentazione dell'attimo in quanto occasione del rinnovamento dell'esperienza culminante dell'Essere. Solo in quanto tale attimo è immortale e dunque se ne può auspicare il rieventualizzarsi, in quanto cioè si vuole l'eternità di questo istante che è nel tempo, si accetta l'eternità di tutto il tempo; nella gioia dell'attimo si redime il disgusto e l'angoscia che la consapevolezza dell'eterno ritorno di ogni cosa inizialmente provoca. Un attimo che non è più l'istante vuoto, anonimo di un tempo oggettivo esterno, ma evento interiore, disvelamento di senso, fonte di radicale mutamento esistenziale dell'esserci. Nietzsche focalizza la propria attenzione sul tempo nel suo aspetto "qualitativo", non sul tempo in quanto categoria scientifica, cioè come durata naturale, tempo cronologico, bensì come realtà profonda dell'animo. Il tempo nella prospettiva dell'attimo eterno acquista in Nietzsche spessore metafisico. La mera durata si trasfigura in divenire eternamente ritornante, il movimento si muta da linea in circolo. L'istante, l'evento acquista senso nella sua specificità.

L'attimo dell'esperienza profonda dell'eternità del tutto è l'attimo della profonda consapevolezza in cui l'uomo è chiamato a decidersi per la propria autenticità, a scegliere se stesso. A redimersi dalla vanità di una vita che trascorre come flusso inarrestabile di giorni anonimi, senza senso, dall'isterismo di un'esistenza soggetta al ritmo di un tempo inteso nella sua artefatta natura come successione numerica, come grandezza di misura. L'uomo disperde il senso autentico del tempo che, come già detto, risiede nel suo valore esistenziale, metafisico e ne fa un concetto matematico al cui principio di organizzazione finisce col sottomettersi come ad una legge necessaria la cui trasgressione provoca la ricaduta nel caos e la perdita di orientamento.

Nietzsche vuol insegnare all'uomo a riappropriarsi della propria vita, a vivere pienamente e in modo attivo il proprio tempo. Il senso profondo della consapevolezza dell'eterno ritorno risiede proprio nella riapertura consapevole dell'uomo al tempo inteso ora come accadere fecondo di occasioni, di possibilità della cui attuazione l'uomo con le proprie scelte è responsabile come del compimento dell'eternità dell'Essere stesso.

Il luogo dove l'Essere si attua divenendo consapevole di sé, infatti, è l'individuo inteso come superuomo, come colui cioè che, trasfigurato nell'attimo della propria profonda esperienza dell'Essere, rivelatoglisi nella sua duplice dimensione di volontà di potenza ed eterno ritorno, non fugge l'angoscia della consapevolezza dell'assoluta mancanza di fondamento del proprio essere, del sapersi niente più che un caso gettato dall'eterno ripetersi del gioco dell'Essere, ma forte e appassionato assume la tragicità della propria condizione su di sé, ne fa una scelta di vita. L'oltreuomo, l'uomo nuovo, forte è l'uomo dalla sensibilità profonda, che accoglie con gioia questa nuova sapienza, non la respinge e dice sì alla vita, un sì incondizionato e questo suo dire sì senza riserve è il supremo atto d'amore con il quale egli sceglie di vivere secondo la propria consapevolezza "Io sono diventato uno che benedice e che dice di sì: e ho lottato a lungo e sono stato un lottatore, per avere un giorno le mani libere al benedire"[10].

"Tutte le cose sono benedette alla sorgente dell'eterno e al di là del bene e del male"[11]. Il sentimento del trascendente nel superuomo coincide con lo stesso sentimento della vita. Egli è spinto a servirla; essa vive in lui come volontà di potenza di cui l'uomo si riconosce fenomeno attuandola in se stesso. Così come la vita, essendo volontà di sé, trascende continuamente se stessa, così l'uomo vuole continuamente superarsi, conquistare nuove mete, fare esperienza di sé e della propria creatività. Egli vuole se stesso, e volendosi, vuole la vita.

"Forse sono stato io a creare tutto ciò? E' stato il moto del mio io ad ordinare tutto ciò, così come ha ordinato il moto di un corpo? Forse io non sono che una goccia di questa energia?"[12].

Affermando sé nella propria creatività, il superuomo conosce ed esperisce sempre di più la vita che è il suo unico dio, il motivo e il fine delle sue azioni. Per essa egli è disposto a morire a se stesso, a spogliarsi della propria soggettività che mira a conservare se stessa attraverso una condotta di vita pacifica, tranquilla, che vuole garantirsi nel raggiungimento di una meta stabile, sicura. Il superuomo è colui che si libera dal proprio meschino bisogno di autoassicurazione e accetta il pericolo del proprio annientamento per "l'eterno piacere del divenire". Di una tale bellezza gli appare ora la vita nella sua profonda tragicità da volerne essere per sempre parte, da desiderarla per tutta l'eternità. La sua anima è divenuta l'anima "più alta, che sa scendere più in basso, l'anima dell'estensione più ampia, che più vastamente si può smarrire, l'anima più necessaria, che si getta nelle casualità, l'anima che è, che s'innamora del divenire; l'anima, che ha, che chiede e vuole; l'anima che continua a fuggire da sé e a recuperarsi: tutta amore di sé e perciò tutta in tutto: per la quale tutto è gioco, saggezza che si getta nel mare della follia"[13].

Egli è l'uomo esuberante, dalla vitalità esplosiva, il luogo privilegiato della rivelazione della volontà a sé stessa, colui che custodisce la più alta saggezza, la consapevolezza dell'Essere come ripetizione eterna del gioco della volontà con se stessa. Nel superuomo la volontà diviene consapevole di sé come totalità, si esperisce nella propria eternità, attuandosi come fenomeno nella scelta creativa del superuomo stesso. Questi è colui che adempie la legge dell'Essere, che riconosce la propria libertà nella necessità del proprio destino, che ama la vita, la serve incondizionatamente, senza recriminazioni. Per tale amore egli si libera della sua stessa libertà in un'entusiastica accettazione di tutto ciò che è e diviene, della sua stessa condizione di fenomeno che accade, vive la redenzione della propria impotenza a decidere il proprio destino in quanto fondamento originario di esso, riconoscendosi luogo privilegiato della manifestazione della vita nella sua essenza di volontà, sentendosi partecipe di tale essenza. L'uomo scopre la coincidenza assoluta di libertà e necessità e si riconosce come fenomeno concreto di tale unità che lo determina in quanto volontà di potenza, cioè essere creativo. Nella creatività dell'uomo, dunque, accade una possibilità eterna dell'Essere cioè un suo possibile modo di manifestarsi in una determinata forma, che si attua liberamente secondo la propria intrinseca necessità, identificandosi con l'atto creativo stesso: "Divenire come inventare, volere, negazione di sé, superamento di sé; non un soggetto, ma un fare, un porre, creativamente, niente "cause ed effetti". Arte come volontà di superare il divenire, come "eternare", con uno sguardo limitato, secondo una certa prospettiva; si ripete per così dire in piccolo la tendenza del tutto. Tutto ciò che mostra la vita è da considerare come formula rimpicciolita per tutta quanta la tendenza; perciò una nuova determinazione del concetto "vita", come volontà di potenza"[14].

La finitezza umana si riscatta nella libertà della necessità del proprio destino. L'uomo perde il fondamento, ma guadagna la pienezza della propria libertà, in quanto diviene autonomo evento di se stesso, innocente accadere di possibilità.

La totalità dell'esistenza umana risulta così redenta alla radice del suo spontaneo accadere, in quanto necessità che coincide ora con la libertà assoluta. Nella nuova concezione di tale libertà assoluta come evento, in quanto cioè accadere spontaneo di se stessa, Nietzsche supera il concetto metafisico del fondamento in direzione di una nuova concezione dell'Essere e dell'uomo che ne redime la totalità delle possibili manifestazioni.

In tale visione l'"egoismo beato" del superuomo si intreccia con il suo "amor fati" in una conciliazione, solo apparentemente paradossale, nella quale amare la necessità di tutto l'accadere significa amare la propria libertà in quanto tale necessità assoluta è ciò che rende possibile la propria libertà in quanto libertà assoluta. Volere la vita significa, dunque, in ultima analisi, volere se stessi come totalità libera di essere, volersi dunque assolutamente, divenire liberi.

Ciò che accade attraverso di noi, siamo allo stesso tempo noi stessi e qualcosa d'altro di cui noi siamo soltanto una possibilità di manifestazione. L'amor fati rappresenta, dunque, in tale ottica, sia il riscatto della propria libertà da parte dell'uomo che diviene ora dimensione assoluta del proprio essere totale, e dunque diviene principio ontologico sia l'atto supremo di devozione totale dell'uomo verso la vita, il suo riconoscersene fenomeno, possibilità. Egli accoglie come dono la varietà e la bellezza delle esperienze e delle possibilità che la vita lo chiama a vivere e ad attuare, come occasione di espressione autentica di sé, di attuazione della propria libertà.

L'io nell'attimo in cui acquista consapevolezza del proprio essere e si decide per essa, attinge all'eternità di sé, in quanto fenomeno eterno della vita, ripetizione di possibilità già date e sempre ricorrenti. Scoprendosi eterno anche solo come parte della volontà universale, l'uomo si assolve dalla propria finitezza, si redime dalla propria naturalità, dal proprio destino temporale biologico che lo condanna all'annullamento definitivo.

Nell'amor fati l'uomo vuole contemporaneamente la propria divinità, cioè il proprio ritorno eterno e la propria libertà, il proprio stesso eventualizzarsi. La scelta della consapevolezza dell'eterno ritorno rappresenta dunque alla fine, allo stesso tempo un'estremizzazione del nichilismo (attraverso il toglimento di ogni fondamento metafisico definito positivamente nella sua essenza e la scoperta della vita come divenire di possibilità che eternamente si ripetono) e una redenzione dal nichilismo temporale attraverso la proiezione delle decisioni e delle azioni umane in una dimensione eterna per cui ciascun atto compiuto sullo sfondo della consapevolezza autentica dell'eterno ritorno acquista un valore ontologico, e attraverso la redenzione della finitezza e dell'impotenza dell'uomo di fronte al proprio destino nell'identificazione di tale destino con la libertà assoluta della totalità delle manifestazioni della volontà umana. Tale conciliazione tra queste apparentemente contraddittorie soluzioni non elude la tragicità essenziale della verità, ma rappresenta il tentativo nietzscheano di cercare, come già indicato, una paradossale giustificazione dell'esistenza nell'ambito del nichilismo stesso. Nietzsche non cerca alcuna mediazione concettuale consolatoria che risolva il carattere enigmatico della realtà di fronte a cui possono darsi solo interpretazioni intese come prospettive esistenziali, ma propone solo un nuovo modo di porsi di fronte alla consapevolezza di una vita scopertasi nel suo profondo aspetto terribile e doloroso. Nel suo significato ultimo la dottrina dell'eterno ritorno non mira a imporre una nuova astratta verità, ma ad insegnare all'uomo un approccio più autentico nei confronti della propria esistenza e un atteggiamento verso di essa non rassegnato, ma consapevole, coraggioso. Nietzsche vuole insegnare ad amare la vita e se stessi in quanto totalità e redimerne in tale amore anche gli aspetti più contraddittori e dolorosi, riconoscendone l'innocenza, accettandone la necessità. L'uomo consapevole, risoluto è l'uomo trasfigurato dal sentimento religioso d'amore per la vita che lo sostiene e gli fa reggere con serenità d'animo le difficoltà più ardue. In quest'ottica si inserisce il discorso nietzscheano sulla portata selettiva della dottrina dell'eterno ritorno; sembra quasi che tale dottrina proponga una nuova fede in cui al Dio personale cristiano si sostituisce la vita stessa e la cui verità si rivela a pochi eletti, cioè solo a coloro che sono fisiologicamente forti e sani. E' probabile dunque che l'ultimo periodo della speculazione di Nietzsche rappresenti un passaggio da un fase più propriamente filosofica del suo pensiero rappresentata dal prospettivismo e dalla filosofia del mattino a una visione religiosa dell'esistenza in cui l'esserci si ricongiunge col tutto, riscopre il suo rapporto originario con la totalità.

Nietzsche stesso sottolinea la natura religiosa della sua ultima filosofia presentando la figura dello spirito libero che di tale filosofia rappresenta il simbolo, il luogo di legittimazione "come l'uomo più religioso che oggi esista"[15]. Tale affermazione conferma, infatti, l'intenzione di Nietzsche di orientare la propria interpretazione in base alla possibilità di un ritrovamento del senso nell'ambito di una prospettiva religiosa dell'Essere e della vita. A proposito del ruolo che la religione viene ad assumere rispetto alla questione cruciale della ricerca del senso, Nietzsche dichiara: "L'interpretabilità dell'accadere; grazie alla religione si continua a credere al "senso""[16].

Nell'attimo fulminante paradossale della rivelazione l'eternità irrompe nel tempo sospendendone la durata e attuandosi nella decisione consapevole dell'uomo. E' nell'ambito della sua concezione dell'eternità del tempo a partire dalla prospettiva dell'attimo che si riscontra maggiormente il difficile rapporto di Nietzsche col cristianesimo. Come quest'ultimo, infatti, Nietzsche cerca una risposta al dolore umano e come questo egli riconosce la possibilità della redenzione per l'uomo nella scelta consapevole, nell'ascolto di una chiamata ad un vita autentica nell'attimo della rivelazione. L'uomo eletto viene chiamato in tale istante determinante per la sua vita, a compiere nella propria esistenza la missione affidatagli, fine ultimo del suo agire, senso del suo inappagabile cercare.

Nell'attimo della redenzione l'uomo salva se stesso affidandosi all'Altro che lo chiama a sé, rendendosi partecipe di un attimo eterno. Come nella concezione cristiana l'uomo non si salva se non sceglie consapevolmente, attraverso l'impegno esistenziale concreto, di salvarsi, così l'oltreuomo redime il proprio destino di finitezza, assumendosi la responsabilità della propria consapevolezza e del proprio compito di fronte all'Essere.

In questo contesto l'uomo è colui che, decidendosi per esso, sottrae l'attimo dell'occasione al proprio destino di morte, al pericolo di dispersione attuandolo creativamente e conferendogli un significato eterno.

Il tempo infatti "è chance, perché esige l'individuo separato. E' per l'individuo e nell'individuo che una forma è nuova. Il tempo senza il gioco sarebbe inesistente"[17].

Stare nell'attimo in modo autentico significa assumersi la responsabilità e il compito di plasmarlo, di dargli significato e concretezza e di riscoprire in esso un valore eterno. Senza la scelta e l'azione dell'uomo, l'attimo, il tempo scorrerebbe via vuoto, privo di senso.

Rinnovare l'eterno nella propria vita vuol dire porsi in ascolto, essere perennemente desti alla chiamata dell'Essere, all'avvento dell'attimo in cui la profondità oscura della vita torna a rivelarsi invitando l'uomo deciso per la propria fede, attento all'ascolto, a cogliere l'occasione, a vivere l'esperienza culminante dell'evento profondo in cui la vita si comunica nella sua pienezza di senso. L'attimo della chiamata è dunque il fulcro della concezione del tempo sia in Nietzsche che nel cristianesimo; esso decide del destino dell'uomo ed è a monte di tutte le scelte future dell'individuo, ma per il cristianesimo l'attimo della salvezza destina l'uomo ad un futuro oltre il tempo, di là da venire e in esso la storia viene ad essere abitata da un'eternità totalmente altra che accade come novità improgrammabile. Esso è il luogo della promessa della salvezza che si compirà dopo la morte, promessa di una vita eterna nuova, altra rispetto a questa vita, mentre in Nietzsche tale salvezza si realizza in un nuovo modo di vivere questa vita in cui non può realizzarsi nulla di nuovo, in quanto tutto ciò che è e sarà è già stato. Ciò che accade nell'attimo della decisione per Nietzsche non è tuttavia la ripetizione di un atto primordiale archetipico come nella concezione temporale propria delle società arcaiche[18], né la manifestazione di un disegno divino frutto di un atto creativo e originale di una volontà personale trascendente come nel cristianesimo, bensì è eventualizzarsi imprevedibile di possibilità eterne. Si tratta nel caso di Nietzsche di una salvezza di carattere esistenziale. Per questo si potrebbe parlare di un esistenzialismo religioso nietzscheano.

Nietzsche non pone l'eternità al di fuori del tempo, ma rende il tempo stesso eterno, redimendolo dalla propria naturale condizione di instabilità nello spazio di una concezione metafisica di esso. Nietzsche non nega il tempo in quanto trascorrere biologico, semplicemente ne trascura questo aspetto contingente e riflette sul suo valore esistenziale, sul suo ruolo nello spazio del vissuto umano, sulla centralità del suo significato per la riscoperta di un senso autentico dell'esistenza dell'uomo. Egli rivaluta il ruolo attivo dell'uomo di fronte al tempo: l'uomo smette di subire il corso del divenire e prende a determinarlo con la sua decisione agendo, creando.

La sua creatività plasma l'attimo, rendendone attuale l'eternità in virtù del suo essere volontà di potenza "quella volontà di potenza che decide il corso del tempo, afferra il suo momento, gode il piacere dell'attimo. Questa volontà imprime al divenire il sigillo dell'Essere in quanto coglie aeternitatem in momento, ama l'eternità nell'attimo"[19]. L'Essere accade nella decisione del superuomo, manifestandosi come evento necessario della creatività della natura forte e attiva del superuomo stesso. In costui l'Essere in quanto il possibile si manifesta come attività creativa, forza plastica, volontà di potenza, ma tale volontà di potenza non crea dal nulla, bensì crea ciò che è già potenzialmente attuabile. Ciò che non è non può essere creato cioè non può venire ad essere, esso infatti per divenire reale deve essere possibile. Ne deriva che il creare della volontà di potenza è un porre in atto, un disvelare qualcosa che deve già esserci da sempre in potenza. Allo stesso tempo dunque la volontà di potenza è un creare e un lasciar accadere, è essa stessa nella sua essenza possibilità in quanto si manifesta creando. Essa è un quanto di Essere storicizzatosi come esserci cioè postosi come natura finita in una determinata situazione storica, ambientale, culturale. Tale esserci dunque risulta costituito dall'interazione tra la propria natura originaria intesa come quanto di volontà di potenza, totalità finita di possibilità eterne e il mondo inteso come ambiente culturale, sociale, storico con il quale egli è già da sempre posto in rapporto e che costituisce allo stesso tempo la possibilizzazione e il limite della sua realizzazione, lo spazio di apertura per l'affermazione delle sue potenzialità che non possono trascendere i confini della situazione in cui originariamente sono gettate e che le costituisce essenzialmente, ma possono ricrearla, riplasmarla, stare in essa in modo creativo, attivo. Nietzsche esorta: "Non vogliate nulla al di sopra della vostra capacità: vi è una falsità perversa presso coloro che vogliono al di sopra della loro capacità"[20]. Vivere attivamente la storicità della propria originaria situazione, vivere la propria finitezza consapevoli della propria provenienza dall'infinito, esperirsi in quanto totalità molteplice nella ricchezza delle proprie possibilità ed esperire la propria temporalità come evento eterno è il messaggio profondo che la teoria dell'eterno ritorno vuol comunicare nel capitolo "La visione e l'enigma" rifiutando, come abbiamo visto, la possibilità di una concezione del tempo inteso deterministicamente come circolo vuoto di eventi che ritornano meccanicamente, per la quale l'azione umana perde totalmente senso e l'individuo diviene spettatore passivo del divenire, schiacciato dall'ineluttabilità di un destino di impotenza. L'eternità del ritorno e la necessità che la dottrina nietzscheana del tempo vogliono insegnare devono essere concepiti in un senso diverso e più profondo. Nietzsche dice: "il divenire tutto mi sembrò una danza e un ilare scherzo di dei, e il mondo sciolto e sfrenato e rifluente in se stesso: - Come l'eterno sfuggirsi e ricercarsi di molti dei, come beato contraddirsi, udirsi di nuovo, di nuovo appartenersi di molti dei: - Dove il tempo tutto mi sembrò un'irrisione beata di secondi, dove la necessità era la libertà in persona, che beata si baloccava col pungiglione della libertà ..."[21]; come in un senso diverso da quello tradizionale è da intendersi la concezione nietzscheana di eternità nella quale importanza determinante acquista la decisione dell'uomo. L'eternità delle forme dell'Essere si attua, come già detto, nella decisione stessa. E' l'uomo che cogliendo l'attimo dell'esperienza profonda, attua creativamente l'eternità, dà forma all'Essere. L'Essere è evento di occasioni che stimolano la creatività dell'uomo, offrendogli la possibilità di esprimersi autenticamente. L'individuo dunque di fronte al richiamo dell'Essere può scegliere di vivere autenticamente, cioè attivamente e consapevolmente, dando senso a ciò che fa e decide, oppure inautenticamente lasciando indifferente che la vita gli scorra davanti come un flusso di fatti privo di valore, reagendo passivamente e con pigrizia all'opportunità che gli si presenta di rinnovarsi autenticamente, di rinascere ad un vita nuova vera che davvero gli appartenga e della cui realizzazione egli solo è responsabile.

Nell'attimo culminante l'uomo è chiamato alla decisione più importante in cui ne va di se stesso "la decisione se voler vivere o morire"[22]. Perché l'uomo si salvi occorre che egli si lasci catturare dall'ulteriorità della verità, si abbandoni all'Essere che lo chiama a sé nel silenzio dell'"ora senza voce", all'amore della verità stessa, rinunciando all'illusione della propria autoreferenzialità metafisica, rinnegando la falsa fede nell'incondizionatezza della propria volontà, superando l'illusoria separazione tra la propria libertà e la necessità del tutto, riconoscendo l'irrealtà dell'opposizione tra unità e molteplicità, tra volontà individuale e accadere universale. L'uomo si salva solo grazie a sé stesso, decidendosi per la verità, lasciandosi trasformare, cambiare da essa fino a raggiungere la piena consapevolezza di sé. L'uomo dunque si salva perché vuole salvarsi. Ma che vuol dire volere l'eterno ritorno per Nietzsche? Il discorso a questo punto di riallaccia al concetto nietzscheano di volontà intesa non come libero arbitrio, bensì come manifestazione necessaria dell'essenza, della quantità di potenza originaria della natura di un individuo. La decisione è appunto la cifra della potenza di una determinata natura. Tanto più è forte e sano l'istinto vitale di un uomo, tanto più esso premerà per affermarsi, per potenziarsi, per esprimersi attraverso l'azione e la scelta attiva, dunque tale uomo in quanto natura creatrice in perpetua attività dovrà decidersi per la decisione più importante da cui deriva la legittimazione, la possibilizzazione di ogni sua altra decisione futura. La scelta dell'eternità dell'attimo consente all'uomo di poter continuare a decidere, a creare; essa cioè ridona senso all'agire umano. L'uomo forte, lo spirito libero deve decidersi per la nuova verità rivelataglisi in quanto la sua natura lo spinge a farlo. L'uomo dalla volontà e dalla natura forte non può dunque non decidersi per se stesso in quanto egli è nella sua stessa essenza volontà di sé nella totalità delle proprie possibili manifestazioni. Nell'attimo della decisione l'uomo si decide per la possibilità fondamentale cioè per la sua stessa possibilità che a sua volta possibilizza l'evento delle possibilità che lo costituiscono come esserci. "Questo attimo trae dietro di sé tutte le cose avvenire"[23]. L'uomo redento, l'oltreuomo, colui che morse la testa del serpente nero che "gli era strisciato dentro le fauci e - lì si era abbarbicato mordendo"[22] e la sputò lontano da sé, ha vinto la minaccia di morte del "nichilismo passivo". "... Un tale spirito divenuto libero sta al centro del tutto con un fatalismo gioioso e fiducioso, nella fede che soltanto sia biasimevole quel che sta separato, che ogni cosa si redima e si affermi nel tutto - egli non nega più ... Ma una fede siffatta è la più alta di tutte le fedi possibili: io l'ho battezzata con il nome di Dioniso"[24] . E' l'inno ad una nuova religione, la religione del tutto, della vita nella sua totalità dionisiaca. La trasfigurazione religiosa della verità del nichilismo che riceve con la teoria del ritorno il sigillo dell'eternità si attua nell'amor fati. La volontà prepotente, affamata di totalità si redime nel riconoscimento e nell'accettazione della necessità come proprio destino. "Oh volontà! In te si curva ogni necessità, tu sei la mia necessità! Preservami da tutte le piccole vittorie! Tu, provvidenza dell'anima mia, che io chiamo destino!

Tu dentro-di me! Sopra-di-me! Preservami e risparmiami per un grande destino!"[25].

Destino in cui ogni singolo evento del vissuto si redime in quanto necessario. Ogni "così fu, il passato che rappresentava per la volontà tracotante non consapevole di sé il limite alla sua brama di appropriazione, che nulla poteva su di esso in quanto già stato e dunque esaurito, non più riattuabile, si redime nella nuova concezione nietzscheana della volontà: una volontà libera dal proprio rancore, che dunque non pretende più di catturare la totalità, di appropriarsene, bensì libera e redime, benedice, schiude e lascia essere, accoglie in sé la necessità, affermandola fino ad identificarsi con essa. "Redimere il passato nell'uomo e ricreare ogni "così fu", finché la volontà dica: "Ma così volli che fosse! Così vorrò che sia"[26]. L'uomo diviene "redentore della casualità", colui che crea e redime "nella creazione tutte le cose che furono"25. La volontà che vuole a ritroso è una volontà libera, sicura che ha abolito i tabù del tempo, ha vinto il pregiudizio della non riattuabilità del passato, consapevole che ciò che è stato può essere da essa reso nuovamente attuale, ricreato e dunque sottratto alla casualità e reinvestito di senso: "La redenzione dal caso: a ciò che ho lasciato che accadesse so poi PORRE RIMEDIO: e così volere dopo ciò che non ho voluto prima"[27]. "Molte casualità vennero a me con aria impetuosa: ma ancor più imperiosamente parlò loro la mia volontà"[28]. Ma volere, vuol dire volere l'evento, cioè la necessità come legge assoluta di tutto ciò che accade e del proprio stesso essere fenomeno, parte della totalità della vita. La volontà individuale viene dunque a coincidere paradossalmente con l'amor fati nell'ottica nietzscheana per cui libertà e necessità si identificano. Tale riattuazione del passato nella decisione della volontà conferisce al passato stesso un senso eterno in quanto evento che traduce in forma concreta una possibilità eterna dell'Essere. Dunque il passato riaccade in quanto voluto della volontà, nello spazio del suo necessario eventualizzarsi. Sfondato il muro dell'irreversibilità del tempo la volontà superomistica giunge ad assorbire la totalità del tempo del proprio vissuto nello spazio della propria necessità.

Passato, presente e futuro si incontrano e si fondono nel voluto di tale volontà che coincide ora con la totalità della propria temporalità. Il tempo non è più il limite esterno alla volontà, bensì in quanto accadere ciclico, tempo circolare è la volontà stessa, il suo stesso manifestarsi. Passato, presente e futuro non esistono in sé, sono soltanto angoli prospettici in cui la volontà osserva se stessa compiersi. Ogni azione compiuta in passato dall'uomo si giustifica e si redime dunque nel riconoscimento della necessità con cui ogni evento della vita umana si realizza.

"Trasformare ogni "così fu" in un "così volli che fosse"!"[29] in cui risiede per Nietzsche l'unica possibilità di redenzione per l'uomo, vuol dire, secondo il significato del concetto nietzscheano di volontà, che al momento in cui ha agito l'uomo non poteva agire diversamente. La sua volontà, infatti, cioè il manifestarsi dell'impulso impostosi in quella determinata circostanza, aveva determinato l'evento affermando se stesso liberamente. Il senso profondo della redenzione della volontà consiste dunque nel rinunciare all'illusione dell'esistenza di un libero arbitrio e nel riconoscere la propria essenza originaria nella fatalità della propria natura. Nietzsche dice: "La volontà stessa va superata - non attingere più ogni sentimento di libertà dal contrasto con la costrizione!"[30]. Noi siamo questa stessa necessità, essa non è qualcosa di imposto per noi; amare tale necessità vuol dire dunque amare se stessi, accettarsi per quello che si è, e amando se stessi amare la vita, accettarla nella totalità del suo accadere, riconoscersi totalità parte di una totalità più grande, necessità fenomeno di una necessità assoluta, dissolversi nell'unione mistica col tutto, in cui si travalicano i confini della finitezza e si diviene uno con l'eternità. Lo spirito divenuto pienamente libero danza ebbro di gioia sull'abisso dell'eternità in cui nulla è prima e nulla è dopo, ma tutto diviene da sempre come il ripetersi del gioco di una fanciullo che scompone e ricompone, costruisce e distrugge la propria creatura, combinando in forme sempre diverse le stesse parti, gioendo della propria innocente creatività.

Solo nella creazione, nel gioco eterno della propria libertà, la vita si redime dal peso della datità. "Creare - questa è la grande redenzione dalla sofferenza e il divenir lieve della vita"[31].

Creare è l'ultima parola anche per il tempo, la cui eternità, cioè la cui essenza non è sostanza data, unica, fondamento divino che si rivela nel tempo stesso, bensì è lo stesso gioco della creazione, l'eterno "lancio di dadi" del caso che crea il tempo come evento di sempre nuove combinazioni di possibilità eterne, dando volto all'eternità, un volto sempre diverso e sempre ritornante. Il superuomo è colui che nell'istante immenso in cui la parola impronunciabile dell'Essere gli rivela la profonda verità della vita, trascende se stesso e nell'estasi di gioia di quel momento si fonde col tutto, divenendo tutt'uno con l'eternità, con la totalità. La parte e il tutto per un attimo si incontrano, si fondono, si amano riconoscendosi pur nella differenza ontologica che li separa, appartenenti l'uno all'altro. Nella decisione dell'uomo redento nel suo amore per l'Essere si compie ogni volta l'intera totalità del tempo, tutta un'eternità ritorna attraverso essa, venendo a realizzare l'incontro paradossale tra il finito e l'infinito. Tuttavia occorre chiarire il senso di una simile affermazione, precisando in che modo l'Essere si attua nell'agire umano come totalità, come eternità compiuta.

L'Essere infatti, in quanto possibilità assoluta, totalità di tutte le possibili forme di realizzazione della vita, non si compie mai come assoluta attualità.

Esso è movimento incessante di autotrascendimento delle proprie forme attuali che in quanto radicate nel possibile, tornano a riappartenervi per poi attuarsi nuovamente. L'Essere è dunque la totalità di questo movimento ciclico nel quale è compreso anche l'uomo, il quale rappresenta anch'egli una forma possibile di attuazione dell'Essere. La vita umana è dunque un "caso particolare" della totalità della volontà di potenza organizzato, strutturato in base a una propria necessità intrinseca che ne definisce le specifiche possibilità di realizzazione. Il massimo del tipo umano è rappresentato da colui la cui volontà, il cui sentimento della vita è talmente potente da venire ad assorbire nello spazio della necessità della propria natura individuale la totalità delle potenzialità vitali dell'intera specie umana. Il superuomo è colui che si esperisce come sintesi suprema di tutta l'umanità passata, presente e futura che compie nella propria decisione creativa il ritorno di un atto eterno, l'attuazione di una possibilità eterna dell'Essere che attraverso lui si realizza come totalità nel suo specifico modo di manifestarsi in quanto vita umana. Il superuomo, dunque, si identifica con la totalità delle possibilità di realizzazione dell'Essere nella sua specifica forma umana. In questo senso soltanto, dunque, la sua azione attua l'intera totalità del tempo che viene sempre inteso nella prospettiva della vita umana.

Nell'amore infinito in cui Essere ed esserci si incontrano, fondendosi, si realizza dunque la paradossale identificazione tra finitezza e infinitezza, per la quale la vita dell'uomo, trasfigurato da tale profonda unione, non sarà mai più la stessa, ma verrà d'ora in poi esperita in una prospettiva del tutto nuova, più grande. Tutto il vissuto dell'individuo supera, come abbiamo visto, i confini del proprio ristretto orizzonte di senso e si apre alla totalità, si pone nella prospettiva dell'eternità, che dona gioia e pienezza alla sua quotidianità. Il suo agire, il suo pensare, l'intero suo essere subisce un radicale cambiamento. Egli non è più lo stesso, è un uomo nuovo, che vive al di là dei confini della sua naturale finitezza, oltre la propria umana condizione. Egli è l'oltreuomo che vive le proprie decisioni, le proprie scelte, ogni attimo della propria vita nell'orizzonte della propria nuova fede. Ogni suo gesto, ogni scelta per cui si decide viene da lui esperita come momento pieno di senso della realizzazione della sua missione a cui l'Essere lo chiama, vivendo l'istante come occasione di arricchimento della propria esistenza, come possibilità di creare e di esperire nella propria attività creativa la pienezza della propria eternità. Volere l'eterno ritorno, dunque, vuol dire volere l'attimo, l'occasione, dunque l'accadere come possibilità di essere, di vivere concretamente a autenticamente, come apertura di senso in cui ogni volta ne va della vita stessa dell'uomo (intesa non come categoria biologica, ma nel complesso del suo aspetto esistenziale).

L'oltreuomo è colui che esperisce nella propria unione mistica con la totalità della vita, l'unità di essenza con essa, che riconosce nell'innocenza della creazione assoluta la legge della propria creatività. E' questa la tappa conclusiva del cammino della libertà verso se stessa. E' nell'incontro con la totalità, nel riconoscimento della necessità di essa come propria legge intrinseca che la libertà si conquista nella propria autenticità. Essa viene espressa da Nietzsche attraverso la metafora del fanciullo il quale è "innocenza e oblìo, un nuovo inizio, un gioco, una ruota ruotante da sola, un primo moto, un dire sì"[32].

Il fanciullo rappresenta il risultato finale della metamorfosi del "cammello", metafora dello "spirito di gravità", dell'uomo devoto che obbedisce all'imperativo categorico del "tu devi", figura dell'uomo del passato, nel "leone", figura della modernità in cui la libertà, redentasi dal peso del passato, si identifica nella "volontà leonina" individuale, una volontà però ancora astratta in quanto priva di orizzonti, che non sa cosa realmente vuole, ma solo che vuole.

Dalla propria tracotanza in quanto libertà libera soltanto per se stessa, cioè per il nulla, per l'"io voglio" astratto privo di contenuto, la libertà di redime nell'"io sono" cioè nella necessità di un orizzonte definito di possibilità che si schiudono nel volere della volontà divenuta ora libera per la propria essenza intesa come quantum definito di potenza. La superbia del "leone", simbolo della libertà incompiuta, si redime nell'innocenza del fanciullo metafora del superuomo, figura compiuta dello spirito libero che nella realizzazione delle proprie potenzialità si crea nella propria essenza, dando senso alla propria esistenza e allo stesso tempo crea l'Essere cioè lo attua concretamente, gli dà forma. Il suo valutare e il suo agire hanno dunque sia un significato esistenziale, sia un significato metafisico. Ciò che accade compiendosi nell'atto creativo dell'uomo è infatti la sua stessa essenza.

"Ogni azione continua a creare noi stessi, ogni azione tesse il nostro abito multicolore. Ogni azione è libera, ma l'abito è necessario. La nostra esperienza di vita - questo è il nostro abito"[33].

Nel proprio agire l'uomo conosce se stesso, diviene consapevole di sé come ente che è in quanto crea, che creandosi, cioè, diviene se stesso e allo stesso tempo pone in essere, lascia accadere l'Essere che grazie al suo agire si storicizza e acquista forma concreta. Tra l'uomo e l'Essere esiste dunque un rapporto di coappartenenza e di reciprocità. Non vi è più come nel pensiero metafisico tradizionale un rapporto di estraneità tra un individuo concreto e un Essere astratto, distante, ma l'uomo (inteso come persona singola) si scopre posto già da sempre in un rapporto originario con l'Essere.

Egli esperisce tale Essere non più nella fredda logica del concetto, bensì nella propria esperienza vissuta: l'Essere è la possibilità dell'Esserci e l'Esserci è lo storicizzarsi, il fenomenizzarsi dell'Essere. E' nell'attimo della rivelazione, nello spazio assoluto del tempo che Essere ed Esserci vengono ad identificarsi in quanto eternità. La verità eterna dell'Essere sfonda la storicità dell'attimo e si rivela nella sua pienezza. L'uomo si rende eterno creando, cioè ascoltando la verità che gli si rivela nell'attimo fondamentale, scegliendo nella scelta assoluta di quell'attimo in cui l'eternità di tutto il tempo gli si fa presente, la totalità intera del tempo nel suo intreccio ricorrente di occasioni e possibilità. "Una volta detto di sì a un singolo attimo, abbiamo detto di sì non soltanto a noi stessi, ma all'intera esistenza. Infatti, nulla sta da solo, né in noi, né nelle cose: e se anche un'unica volta la nostra anima ha vibrato e risuonato come una corda per la felicità, a determinare questo unico evento hanno concorso tutte le eternità - e in quell'unico attimo in cui dicemmo di sì l'eternità intera fu approvata, redenta, giustificata e affermata"[34].

L'essenziale coappartenenza di Essere ed Esserci nella prospettiva dell'eterno ritorno si evince dal seguente passo dello Zarathustra in cui Nietzsche afferma: "ma il nodo di cause nel quale io sono intrecciato, torna di nuovo, - esso mi creerà di nuovo! Io stesso appartengo alle cause dell'eterno ritorno"[35]. Soltanto agendo, l'uomo diviene eterno. La creatività è il modo di manifestarsi originario dell'eternità che in essa si compie rinnovandosi. L'eternità è dunque in riferimento all'uomo, non fondamento primo, bensì accadere del proprio stesso modo di essere in quanto attività creativa. Nell'uomo l'eternità si rivela in quanto senso, in quanto cioè rende possibile l'azione umana nello spazio del nichilismo compiuto, conferendole un valore ontologico profondo, fondamentale. L'attimo è l'occasione per l'uomo sempre ricorrente di porsi in un rapporto immediato reciproco con l'Essere. In ogni attimo della scelta l'uomo, ponendosi in ascolto, sceglie sempre di nuovo, ricrea, rendendolo concreto, fattuale, il proprio rapporto con l'Essere che ogni volta torna a rivelarglisi, a parlargli. Non esiste una verità che si svela una volta per tutte compiutamente, ma esiste un reciproco dialogo tra l'uomo e la verità, uno scoprirsi e ricrearsi reciproco incessante, un andare l'uno verso l'altro in un movimento di scambio fecondo che non si esaurisce mai. L'Essere è ciò che si rivela ogni volta all'uomo e ogni volta mai compiutamente: "Il mondo non è così e così: e gli esseri viventi lo vedono come esso appare loro. Piuttosto, il mondo è costituito da tali esseri viventi, e per ciascuno di essi esiste un piccolo angolo, partendo dal quale esso misura, si accorge di qualcosa, vede e non vede. L'"essere" manca. Ciò che "diviene", il "fenomenale" è l'unica specie di essere"[36].

L'Essere è in quanto ciò che ogni volta si fa Esserci, e in quanto movimento assoluto del divenire inteso come eterno ritorno, possibilità pura. L'attimo esprime ogni volta l'intera totalità dell'Essere che, tuttavia, come detto, non si consegna mai come assoluta disvelatezza, ma si ricrea e si rinnova sempre in forme altre secondo diverse possibilità eterne.

# CONCLUSIONI

Attraverso l'identificazione del tempo con il tutto cosmico, Nietzsche elimina la possibilità dell'Essere come l'altro dal tempo. Nulla vi è al di fuori del tempo, il quale è l'eternità stessa.

Per Nietzsche, dunque, il tempo, cioè il divenire eterno è l'unico assoluto, è tutta la totalità del possibile che è sempre se stessa e al di là della quale nulla vi è di altro, ma questo rappresenta ancora un tentativo di esorcizzazione del nuovo, di rassicurazione di fronte alla totalità dell'accadere che viene inteso come già accaduto, che non spaventa poiché è già stato vissuto e in quanto si giustifica nella propria eternità.

Ciò che è novità per l'uomo è da sempre per la vita; in questo consiste la sicurezza per l'uomo, nella cui fiducia nella vita, si redime la propria paura di fronte al non conosciuto.

L'uomo si redime dalla propria solitudine di fronte all'evento imprevisto, sentendosi partecipe di un'esperienza già vissuta e ancora sempre da vivere, condividendo quel momento, idealmente, con l'intera umanità passata e futura attraverso la propria decisione. Sebbene il ritorno non sia un ritorno meccanico di ciò che è stato, ma viene determinato, "combinato" dalla decisione, in quanto eterno, cioè in quanto è stato e sarà sempre, rappresenta pur sempre una garanzia di senso, una forma di rassicurazione per l'uomo di fronte all'incertezza delle conseguenze che risultano dalla scelta di fronte a cui l'uomo è sempre costantemente posto. La fede nella consapevolezza di essere partecipi di un atto eterno, in quanto accadere dell'Essere stesso, rassicura l'uomo, lo garantisce di fronte alla minaccia della propria finitezza. L'Essere, cioè in termini nietzscheani la vita, anche se non più fondamento, bensì evento, rappresenta ancora sempre il principio assoluto di giustificazione dell'agire umano. L'eternità è anche in Nietzsche l'unica possibilità di redenzione per l'uomo. Anche Nietzsche, dunque, inconsapevolmente, parla di una vita eterna. Egli resta per così dire sospeso tra due poli opposti: da una parte forte è il lui il richiamo del nulla, l'attrazione verso l'annientamento, il perdersi continuo nell'estenuante ricerca di sé, da una parte cioè Nietzsche pone il nulla al posto del fondamento assoluto, per cui l'uomo non è più garantito da alcun principio ultimo che ne giustifichi l'esistenza, dall'altra vive dolorosamente il proprio profondo bisogno di fede e di senso attraverso il recupero di una visione religiosa della vita in cui si dia all'uomo la possibilità di redimersi dal proprio essere heideggerianamente nullo fondamento di sé attraverso la garanzia dell'eternità. E' dalla difficile coesistenza di volontà di nichilismo e nostalgia delle proprie radici religiose, tra volontà di annullamento e volontà di eternità, tra ricerca del senso e frantumazione di ogni senso che emerge il carattere profondamente tragico e paradossale dell'esperienza filosofica di Nietzsche: egli ha sentito su di sé tutto il peso grave della scoperta di una verità insopportabile per la coscienza umana, una scoperta vissuta così profondamente da non potersene più liberare: la scoperta del nulla esistenziale e ontologico. Una verità tanto terribile da non poter essere ignorata, dimenticata, né redenta pienamente.

Il profeta della morte di Dio, il negatore della metafisica non può sottrarsi al proprio destino di essere vittima di quella stessa verità che ha con tanta veemenza voluto fino in fondo, ma per la quale non può interamente decidersi in quanto troppo profondo è il suo bisogno di assoluto, troppo forte è il suo valore della vita umana per abbandonarsi alla rassegnazione, alla rinuncia, troppo profondo, più di quanto egli stesso ne sia cosciente, è il suo legame con la propria tradizione culturale e con la propria epoca: Nietzsche non è un greco, egli è un moderno che cerca disperatamente di strappare le proprie radici cristiane attraverso il ritorno alla paganità.

La sua posizione filosofica, che si afferma compiutamente nella dottrina dell'eterno ritorno sta, come detto, per metà nel nichilismo estremo, per metà nel recupero di una visione escatologica della vita. "L'eterno ritorno si presenta come nichilismo rovesciato, la smania di AUTOETERNIZZARSI è, in modo rovesciato, tutt'uno con la tentazione di AUTOANNIENTARSI"[37].

Egli che aveva voluto scrutare il volto nudo, terribile della verità dietro la maschera dell'illusione metafisica, ha dovuto distogliere lo sguardo dall'orrido cospetto del nichilismo rivelatosi nella sua autenticità. Egli non ha saputo compiere fino in fondo la propria appassionata volontà di verità.

Il nichilismo di Nietzsche non è dunque un nichilismo vissuto pienamente fin nelle sue estreme conseguenze. Esso è sì un "nichilismo attivo", ma non veramente autentico in quanto "inficiato" da ciò che del nichilismo stesso rappresenta la possibilità di negazione e cioè la speranza. Una speranza che viene assunta da Nietzsche nella sua accezione più piena di senso in quanto speranza, anzi addirittura fede nell'eternità di sé. Nietzsche dunque, mentre crede di scegliere il nichilismo come propria prospettiva filosofica assoluta, rovescia contemporaneamente tale posizione, schiudendo un orizzonte di senso che trascende il senso autentico del nichilismo stesso. Egli non può più tornare indietro, recuperare ciò che ha distrutto, ma allo stesso tempo non è pronto o meglio non vuole accettare le conseguenze profonde necessarie che la verità del nichilismo comporta nell'esistenza concreta dell'uomo.

Come abbiamo visto, infatti, tutta l'opera di Nietzsche è volta alla ricerca del senso, un senso tuttavia alternativo rispetto a quello delle filosofie tradizionali, rispetto alle quali egli si distingue in quanto cerca il senso stesso non nel quadro di una prospettiva filosofica di fondo positiva, bensì nel contesto di una visione della vita che ha scoperto le proprie radici tragiche. In Nietzsche convivono contemporaneamente un'appassionata volontà di senso e un profondo amore del tragico che deriva dalla sua passione per la verità in nome della quale egli si scaglia contro ogni ottimismo ipocrita, contro ogni soluzione concettuale consolatoria. La sua onestà filosofica e la sua profonda sensibilità gli impediscono di ignorare la cruda realtà del dolore, mistero profondo a cui non può darsi risposta; tuttavia ancora troppo forte è in lui il valore della dignità umana perché egli ceda alla tentazione della rassegnazione. Consapevolezza tragica e volontà di redenzione restano dunque in Nietzsche in un rapporto irrisolto. Drammatico è allora il conflitto che si crea in lui, insopportabile diviene la tensione che egli sa di non poter sciogliere in quanto essenziale della propria natura. Di fronte all'intima contraddizione del proprio animo, Nietzsche non sa e non vuole trovare una mediazione. Egli resta sospeso tra speranza e disperazione, non si decide per alcuna soluzione definitiva, ma sceglie la propria lacerante ambiguità in quanto modo autentico del proprio esperire se stesso e la vita. Nella scelta assoluta di sé, della propria intima contraddizione come modo originario del rapportarsi reciproco dei diversi aspetti essenziali del suo animo, specchio dell'oscuro insolubile mistero della vita, Nietzsche sceglie consapevolmente il proprio tragico destino, la propria irredimibile solitudine fino all'epilogo estremo della follia, evento che esprime nella propria tragica evidenza il senso profondo della vita filosofica di Nietzsche: la sua volontà di assumere su di sé fino in fondo il peso della necessità della propria natura, il coraggio di scoprire e di divenire se stesso accettando il proprio destino per amore di verità, il rifiuto del compromesso con se stesso e con il mondo, il volersi ed amarsi per quello che è.

In questo senso Nietzsche è un esempio assoluto di coerenza filosofica. Egli ha vissuto profondamente assumendola fino in fondo su di sé, la profonda problematicità della natura umana, il dolore del pensiero di fronte all'insolubile mistero della vita, il groviglio di conflitti esistenziali che tormentano l'uomo profondo, decidendo e decidendosi per il proprio necessario destino, scegliendo la propria fine nel volersi autenticamente fino in fondo nella propria strutturale problematicità, vivendo concretamente le proprie convinzioni fino a sacrificare la propria stessa vita. Il destino di Nietzsche descrive il destino della filosofia stessa che, strappata ad ogni orizzonte ultimo di senso naufraga nell'aporia, nella contraddizione tra il proprio originario anelito alla totalità e la condanna alla propria finitezza, tra la ricerca di un senso autentico e la relativizzazione di ogni senso, tra la propria volontà di verità e lo scacco inevitabile di ogni ipotesi assoluta.

Nietzsche rappresenta, inoltre, il primo autentico tentativo di spezzare l'orizzonte metafisico della filosofia. Con Nietzsche la filosofia vive, per la prima volta nella storia della filosofia moderna, la propria profonda crisi.

Nella perdita lacerante di ogni riferimento assoluto, essa riconosce la propria incapacità di trovare risposta ultima al proprio originario domandare sul senso e sulla verità. Nietzsche è l'annuncio di una svolta critica nella storia della filosofia, il punto di partenza di una nuova presa di coscienza di sé e del proprio compito da parte della filosofia stessa, ma tale svolta in Nietzsche resta incompiuta. Dinanzi alla profondità terribile delle proprie originali intuizioni, egli è come spaesato, e piuttosto che approfondire la propria consapevolezza, arretra di fronte ad essa, tentando vanamente di redimersi da essa attraverso il recupero di una logica escatologica in cui sa di non poter più credere.

# NOTE

[1] F. NIETZSCHE, "Frammenti postumi", tr. it. di L. Amoroso e M. Montinari, in "Opere", vol. VII, tomo I, parte I, cit. p. 15.

[2] F. NIETZSCHE, "Frammenti postumi", tr. it. di S. Giammetta, in "Opere", vol. VII, tomo III, cit. p. 214.

[3] M. HEIDEGGER, "Nietzsche", cit. p. 550.

[4] F. NIETZSCHE, "Frammenti postumi", tr. it. di L. Amoroso e M. Montinari, vol. VII, tomo I, parte II, cit. p. 255.

[5] F. NIETZSCHE, "La gaia scienza", cit. pp. 201-202.

[6] F. NIETZSCHE, "Frammenti postumi", vol. VIII, tomo I, cit. p. 15.

[7] F. NIETZSCHE, "Crepuscolo degli idoli", cit. p. 128.

[8] F. NIETZSCHE, "Così parlò Zarathustra", cit. pp. 183-184.

[9] F. NIETZSCHE, "Frammenti postumi", vol. VIII, tomo I, cit. p. 197.

[10] F. NIETZSCHE, "Così parlò Zarathustra", cit. p. 193.

[11] Ibidem.

[12] F. NIETZSCHE, "Frammenti postumi", vol. VIII, tomo I, cit. p. 203.

[13] F. NIETZSCHE, "Frammenti postumi", vol. VII, tomo I, parte II, cit. p. 255.

[14] F. NIETZSCHE, "Frammenti postumi", vol. VIII, tomo I, cit. p. 298.

[15] Ivi, p. 20.

[16] Ivi, p. 79.

[17] G. BATAILLE, "Su Nietzsche", tr. it. di A. Zanzotto, SE, Milano, 1994, cit. p. 150.

[18] Cfr.: M. ELIADE, "Il mito dell'eterno ritorno", tr. it. di G. Cantoni, Borla, Torino, 1975.

[19] M. CACCIARI, "Concetto e simboli dell'eterno ritorno", in AA.VV., "Crucialità del tempo. Saggi sulla concezione nietzscheana del tempo" a cura di M. Cacciari, Liguori, Napoli, 1980, cit. p. 86.

[20] F. NIETZSCHE, "Così parlò Zarathustra", cit. p. 337.

[21] Ivi, p. 233.

[22] F. NIETZSCHE, "Frammenti postumi", vol. VIII, tomo I, cit. p. 168.

[23] F. NIETZSCHE, "Così parlò Zarathustra", cit. p. 184.

[24] F. NIETZSCHE, "Crepuscolo degli idoli", cit. p. 128

[25] F. NIETZSCHE, "Così parlò Zarathustra", cit. p. 252.

[26] Ivi, p. 233.

[27] F. NIETZSCHE, "Frammenti postumi", vol. VII, tomo I, parte II, cit. p. 255.

[28] F. NIETZSCHE, "Così parlò Zarathustra", cit. p. 199.

[29] Ivi, p. 162.

[30] F. NIETZSCHE, "Frammenti postumi", vol. VII, tomo I, parte II, cit. p. 252.

[31] F. NIETZSCHE, "Così parlò Zarathustra", cit. p. 95.

[32] Ivi, p. 25.

[33] F. NIETZSCHE, "Frammenti postumi", vol. VIII, tomo I, cit. p. 197.

[34] F. NIETZSCHE, "La volontà di potenza", cit. p. 545.

[35] F. NIETZSCHE, "Così parlò Zarathustra", cit. p. 259.

[36] F. NIETZSCHE, "Frammenti postumi", vol. VIII, tomo I, cit. p. 239.

[37] K. LÖWITH, "Nietzsche e l'eterno ritorno", cit. p. 59.

## BIBLIOGRAFIA

Tutte le opere di F. Nietzsche, inclusi i frammenti postumi, sono contenute in "Sämtliche Werke". Kritische Studienausgabe in 15 Bänden. Herausgegeben von G. Colli und M. Montinari, Deutscher Taschenbuch Verlag de Gruyter, 1980 (per l'edizione italiana: "Opere di F. Nietzsche", a cura di G. Colli e M. Montinari, Adelphi, Milano, 1964 e ss). In questa bibliografia tutte le opere di Nietzsche vengono citate dal corpus minore dell'edizione italiana delle opere di Nietzsche, a cura di G. Colli e M. Montinari, escluso i seguenti testi: tutti i frammenti postumi, "La nascita della tragedia", Considerazioni inattuali I-III", "Nietzsche contra Wagner", "Ditirambi di Dioniso e poesie postume 1882-1888", testi citati dall'edizione maggiore delle "Opere di F. Nietzsche" in voll. VIII.

## OPERE DI F. NIETZSCHE

"La nascita della tragedia" e "Considerazioni inattuali I-III", tr. it. di S. Giammetta e M. Montinari in "Opere di F. Nietzsche", edizione italiana condotta sul testo critico originale stabilito da G. Colli e M. Montinari, vol. III, tomo I, Adelphi, Milano, 1972.

"La filosofia dell'epoca tragica dei Greci e scritti dal 1870 al 1873", tr. it. di G. Colli (dalle "Opere di F. Nietzsche", vol. III, tomo II), Adelphi, Milano, 1973 e 1991.

"Frammenti postumi 1869-74"m tr. it. di G. Colli e Chiara Colli Staude in "Opere di F. Nietzsche", vol. III, tomo III, parti I-II, Adelphi, Milano, 1989 e 1992.

"Richard Wagner a Bayreuth e Frammenti postumi 1875-1876", tr. it. di G. Colli e M. Montinari, in "Opere di F. Nietzsche", vol. IV, tomo I, Adelphi, Milano, 1967.
"Umano, troppo umano", vol. I, tr. it. di S. Giammetta (dalle "Opere di F. Nietzsche", vol. IV, tomo II, Adelphi, Milano, 1965 e 1979.

"Frammenti postumi 1876-78", tr. it. di M. Montinari, in "Opere di F. Nietzsche", vol. IV, tomo II, Adelphi, Milano, 1965.

"Umano, troppo umano", vol. I, tr. it. di S. Giammetta (dalle "Opere di F. Nietzsche", vol. IV, tomo III), Adelphi, Milano, 1965 e 1981.

"Frammenti postumi 1878-1879", tr. it. di M. Montinari, in "Opere di F. Nietzsche", vol. IV, tomo III, Adelphi, Milano, 1967.

"Aurora", tr. it. di F. Masini (dalle "Opere di F. Nietzsche", vol. V, tomo I), Adelphi, Milano, 1964 e 1978.

"Frammenti postumi 1879-1881", tr. it. di M. Montinari, in "Opere di F. Nietzsche", vol. V, tomo I, Adelphi, Milano, 1964.

"La gaia scienza", tr. it. di F. Masini (dalle "Opere di F. Nietzsche", vol. V, tomo II), Adelphi, Milano, 1965 e 1977.

"Frammenti postumi 1881-82", tr. it. di M. Montinari, in "Opere di F. Nietzsche", vol. V, tomo II, Adelphi, Milano, 1965.

"Così parlò Zarathustra", tr. it. di M. Montinari, (dalle "Opere di F. Nietzsche", vol. VI, tomo I), Adelphi, Milano, 1968 e 1976.

"Al di là del bene e del male", tr. it. di F. Masini (dalle "Opere di F. Nietzsche", vol. VI, tomo II), Adelphi, Milano, 1968 e 1977.

"Genealogia della morale", tr. it. di F. Masini (dalle "Opere di F. Nietzsche", vol. VI, tomo II), Adelphi, Milano, 1968 e 1984.

"Crepuscolo degli idoli", tr. it. di F. Masini (dalle "Opere di F. Nietzsche", vol. VI, tomo III), Adelphi, Milano, 1970 e 1983.

"L'Anticristo", tr. it. di F. Masini (dalle "Opere di F. Nietzsche", vol. VI, tomo III), Adelphi, Milano, 1970 e 1977.

"Ecce homo", tr. it. di R. Calasso (dalle "Opere di F. Nietzsche", vol. VI, tomo III), Adelphi, Milano, 1965 e 1981.

"Nietzsche contra Wagner", tr. it. di F. Masini, in "Opere di F. Nietzsche", vol. VI, tomo III, Adelphi, Milano, 1970.

"Ditirambi di Dioniso e poesie postume 1882-1888", tr. it. di G. Colli, in "Opere di F. Nietzsche", vol. VI, tomo IV, Adelphi, Milano, 1970.

"Frammenti postumi 1882-84", tr. it. di L. Amoroso e M. Montinari, in "Opere di F. Nietzsche", vol. VII, tomo I, parti I-II, Adelphi, Milano, 1982.

"Frammenti postumi 1884", tr. it. di M. Montinari, in "Opere di F. Nietzsche", vol. VII, tomo II, Adelphi, Milano, 1975.

"Frammenti postumi 1884-85", tr. it. di S. Giammetta, in "Opere di F. Nietzsche", vol. VII, tomo III, Adelphi, Milano, 1975.

"Frammenti postumi 1885-87", tr. it. di S. Giammetta, in "Opere di F. Nietzsche", vol. VIII, tomo I, Adelphi, Milano, 1975.

"Frammenti postumi 1887-1888", tr. it. di S. Giammetta, in "Opere di F. Nietzsche", vol. VIII, tomo II, Adelphi, Milano, 1971.

"Frammenti postumi 1888-89", tr. it. di S. Giammetta, in "Opere di F. Nietzsche", vol. VIII, tomo II, Adelphi, Milano, 1974.

"Epistolario 1850-1869", tr. it. di M.L. Pampaloni Fama, Adelphi, Milano, 1976.

"La volontà di potenza", a cura di M. Ferraris e P. Kobau, tr. it. di A. Treves, riveduta da P. Kobau, Bompiani, Milano, 1992.

# BIBLIOGRAFIA CRITICA

G. Bataille, "Sur Nietzsche", Gallimard, Paris, 1945
("Su Nietzsche", tr. it. di A. Zanzotto, SE, Milano, 1994)

E. Biser, " 'Gott ist tot.' Nietzsches Destruktion des christlichen Bewusstsein", Kösel, München, 1962.

H. Blumenberg, "Lebenszeit und Weltzeit". Suhrkamp, Frankfurt am Main 1986 ("Tempo della vita e tempo del mondo", tr. it. di B. Argenton, Il Mulino, Bologna, 1996).

M. Cacciari, "Concetto e simboli dell'eterno ritorno", in AA.VV., "Crucialità del tempo. Saggio sulla concezione nietzscheana del tempo", a cura di M. Cacciari, Liguori, Napoli, 1980.

M. Cacciari, "Krisis. Saggio sulla crisi del pensiero negativo da Nietzsche a Wittgenstein", Feltrinelli, Milano, 1976.

M. Cacciari, "Tempo e concetto", in "Il Centauro", n.5 (1982).

G. Deleuze, "Nietzsche et la philosophie", PUF, Paris, 1962 ("Nietzsche e la filosofia", tr. it. di S. Tassinari, con introduzione di G. Vattimo, Colportage, Firenze, 1978).

M. Eliade, "Le mythe de l'éternal retour", Gallimard, Paris, 1949, ("Il mito dell'eterno ritorno", tr. it. di G. Cantoni, Borla, Torino, 1975).

E. Fink, "Nietzsche Philosophie". Kohlhammer, Stuttgart 1960 ("La filosofia di Nietzsche", tr. it. di P. Rocco Traverso, con introduzione di M. Cacciari, Marsilio, Venezia, 1976).

B. Forte, "Salvezza e storia in F. Nietzsche", in "Asprenas", vol. 41, anno 1994.

H.G. Gadamer, "Das drama Zarathustras", in "Nietzsche - Studien", vol. 15, de Gruyter, Berlin - New York, 1986 ("Il dramma di Zarathustra", tr. it. di C. Angelino, il Melangolo, Genova, 1991).

J. Habermas, "Erkenntnis und Interesse", Suhrkamp, Frankfurt am Main, 1968 ("Conoscenza e interesse", tr. it. di Gian Enrico Rusconi, laterza, Roma - Bari, 1990).

G. W. F. Hegel "Phänomenologie des Geistes", Suhrkamp, Frankfurt am Main, 1989 ("Fenomenologia dello spirito", tr. it. di Enrico de Negri, La Nuova Italia, Firenze, 1988, voll. 2).

M. Heidegger, "Einführung in die Metaphysik", Klostermann, Frankfurt am Main, 1983 ("Introduzione alla metafisica", tr. it. di G. Masi, presentazione di G. Vattimo, Mursia, Milano, 1986).

M. Heidegger, "Holzwege", Klostermann, Frankfurt am Main, 1972 ("Sentieri interrotti", tr. it. di P. Chiodi, La Nuova Italia, Firenze, 1977).

M. Heidegger, "Nietzsche", Neske, Pfullingen, 1989, 2 v. ("Nietzsche", tr. it. di F. Volpi, Adelphi, Milano, 1994).

M. Heidegger, "Schelling. Vom Wesen der menschlichen Freiheit", Klostermann, Frankfurt am Main, 1988 ("Schelling. Il trattato del 1809 sull'essenza della libertà umana", a cura di E. Mazzarella e Carlo Tatasciore, tr. it. di C. Tatasciore, Guida, Napoli, 1994).

M. Heidegger, "Sein und Zeit", Klostermann, Frankfurt am Main, 1977 ("Essere e tempo", tr. it. di P. Chiodi, Longanesi & C., Milano, 1976).

M. Heidegger "Was heißt Denken?", Niemeyer, Zübingen 1971 ("Che cosa significa pensare? Chi è lo Zarathustra di Nietzsche", prefazione di G. Vattimo, tr. it. di U. Ugazio e G. Vattimo, vol. I, SugarCO, Milano, 1978).

M. Heidegger, "Zeit und Sein", in "Zur Sache des Denkens", Tübingen, 1969 ("Tempo ed essere", tr. it. di E. Mazzarella, Guida, Napoli, 1987).

K. Jaspers, "Nietzsche. Einführung in ds Verstandnis seines Philosophierens", W. De Gruyter & Co., Berlin - New York, 1974

("Nietzsche. Introduzione alla comprensione del suo filosofare", tr. it. di L. Rustichelli, Mursia, Milano, 1996).

K. Jaspers, "Nietzsche und des Christentum", Piper Verlag, München, 1952 ("Nietzsche e il cristianesimo", tr. it. di M. Dello Preite, Ecumenica, Bari, 1978).

E. Jünger - M. Heidegger, "Über die Linie", Ernst Klett, Stuttgart, 1980 ("Oltre la linea", tr. it. di A. La Rocca e F. Volpi, Adelphi, Milano, 1989).

S. Kierkegaard, "Aut-Aut", tr. it. di K. M. Guldbrandsen e R. cantoni, Mondadori, Milano, 1956.

S. Kierkegaard, "Briciole di filosofia e postilla non scientifica" a cura di C. Fabbro, Zanichelli, Bologna, 1962, voll. 2.

P. Klossowsky, "Nietzsche et le cercle vicieux", Gallimard, Paris, 1969 ("Nietzsche e il circolo vizioso", tr. it. di E. Turolla, Adelphi, Milano, 1981).

K. Löwith, "Kierkegaard und Nietzsche oder philosophische und theologische Überwindung des Nihilismus", in Sämtliche Schriften", J. B. Metzlersche Verlagsbuchhandlung, Stuttgard, 1987.

K. Löwith, "Nietzsche Philosophie der ewigen Wiederkehz des Gleichen", W. Kohlhammer GmbH, Stuttgart, 1956 ("Nietzsche e l'eterno ritorno", tr. it. di S. Venuti, Laterza, Bari, 1982).

A. Marini, "Il problema del tempo. Critica del presente ed esercizio ontologico in Nietzsche, Diethey, Husserl e Heidegger", in AA.VV., "Nietzsche: verità - interpretazione", Tilgher, Genova, 1983.

F. Masini, "Lo scriba del caos. Intepretazione di Nietzsche", Il Mulino, Bologna, 1978.

E. Mazzarella, "Nietzsche e la storia. Storicità e ontologia della vita", Guida, Napoli, 1983.

A. Negri, "Nietzsche e/o l'innocenza del divenire", Liguori, Napoli, 1984.

G. Pasqualotto, "Attimo immenso e con-sentire", in "Nuova Corrente", n. 85 (1981).

G. Pasqualotto, "Saggi su Nietzsche", Franco Angeli, Milano, 1988.

U. Regina, "L'uomo complementare. Potenza e valore nella filosofia di Nietzsche", Morcellania, Brescia, 1988.

J. Salaquarda, "Der ungeheure Augenblick", in "Nietzsche - Studien", De Gruyter, Berlin - New York, 1989.

Sant'Agostino, "Confessioni", a cura di Carlo Carena, Mondadori, Roma, 1979.

K. Schlechta, "Nietzsches grosser Mittag", Klostermann, Frankfurt am Main, 1954 ("Nietzsche e il grande meriggio", tr. it. di F. Porzio con introduzione di U. M. Ugazio, Guida, Napoli, 1981).

J. Stambaugh, "Nietzsche's thought of Eternal Return", The Johns Hopkins University Press, Baltimore - London, 1972.

J. Stambaugh, "Thoughts on the Innocence of Becoming", in "Nietzsche Studien", De Gruyter, Berlin - New York, 1985.

F. Tomatis, "La negazione del tempo in F. Nietzsche", in "Il Pensiero", vol. 34, 1995/1.

M. Vannini, "Nietzsche e il cristianesimo", D'Anna, Firenze, 1986.

G. Vattimo, "Il soggetto e la maschera. Nietzsche e il problema della liberazione", Bompiani, Milano, 1994.

G. Vattimo, "Introduzione a Nietzsche", Laterza, Bari, 1991.

F. Vercellone, "Introduzione al nichilismo. Tra Nietzsche e Heidegger", Guida, Napoli, 1983.

B. Welte, "Nietzsches Atheismus und das Christentum", Hermann Gentner, Darnstadt, 1959 ("L'ateismo di Nietzsche e il cristianesimo", tr. it. di Franco Stelzer, postfazione di G. penzo, Queriniana, Brescia, 1994).

www.ingramcontent.com/pod-product-compliance
Lightning Source LLC
Chambersburg PA
CBHW030418100426
42812CB00028B/3013/J